どんなことでも
# 「すぐやる」技術

クリエイティブな仕事も嫌な仕事も
即実行できる仕組みの作り方

建設会社役員／税理士
明治大学客員研究員
教育協会理事
石川和男
KAZUO ISHIKAWA

Gakken

# はじめに

## やる気不要！　最も腰が重くなるクリエイティブな仕事にも完全対応！

突然ですが、質問です。

メールが受信箱に大量にたまっていませんか。書類が机や引き出しの中で散らかっていませんか。ファイルとフォルダが、パソコン画面を埋め尽くしていませんか。

好きな仕事や簡単な仕事ばかりやって、大変、面倒、嫌な仕事が残っていませんか。例えば頭を非常に使うクリエイティブな仕事に取り掛かれず、ストレスをためていませんか。

今年こそやろう！と思っている語学や資格の勉強が始められず、イライラする。

休みの日に掃除をしようと思っているのに、気づいたら月曜日になっていた。

断捨離、ダイエット、禁煙、禁酒……あなたが、先延ばしにしていることは何ですか。

少し質問を変えます。「先延ばし」していることをやり遂げたら、どんな気持ちになりますか？

行動できなかった自分が、気づけば即行動している。「すぐやる人」になって、先延ばしにしていた夢、目標、仕事、後片づけ、ダイエットが……どんどん実現していく。

想像してみてください。とても晴れやかな気持ちになりますよね！ そんな成功体験を本書を読むことで、次々と手に入れられるようになります。

では、どうやってスピードアップするのか、すぐやるのか。

気合、モチベーション、根性や意志の強さ、それもときには必要です。しかし、**毎回「精神論」では動けません。なぜなら、モチベーションが高い日ばかりではないからです。**

そこで本書では、マインドセットや考え方も紹介はしますが、**どちらかというと仕組み作りに力点を置きました。というのは、仕組みに当てはめさえすれば、気が乗らないときでもすぐやるのが簡単になるから**です。

そして、単純作業ではなく、**非常に頭を使うクリエイティブな分野まで「すぐやる方法」にページをしっかりと割いているのも（しかも2章分も使って贅沢《ぜいたく》に！）、本書の大きな特長**だと自負しています。

世の中には「すぐやる」ための本が既にたくさん出ていますが、以上を実現させたものはないのではないでしょうか。**私はこれまでビジネス書を年に100冊読んではいますが**、そのように思っています。

すぐやる方法も多岐にわたり、仕事、勉強、スキルアップ、キャリアアップ、掃除をはじめとする家事、プライベートシーンまで、**多くの場面で活用できるようになっています。**

## 深夜まで残業続きだった私が、9つの肩書で活動できるようになった

自己紹介をします。石川和男と申します。

**私は現在、建設会社役員、税理士、明治大学客員研究員、ビジネス書著者（累計28冊）、人材開発支援会社役員COO、一般社団法人 国際キャリア教育協会 理事、時間管理コンサルタント、セミナー講師、オンラインサロン石川塾主宰（250名）と9つの肩書で複数の仕事を同時にこなしています。**

建設会社の仕事は、月曜日から金曜日の平日朝8時30分から夕方5時まで。その他の仕事は、平日の夜や土曜日に行なっています。

こういうと**仕事漬けの毎日のように聞こえそうですが、そんなことはありません。**プライベートでは、セミナーやパーティーに参加し、家族とドライブなどで遠出もします。休息をとることも忘れず、岩盤浴でリフレッシュするなど、毎日楽しく過ごしています。

**しかし、以前の私は「連日深夜まで残業をしているのが当たり前」でした。**

初めてリーダーになったときには、すぐに行動できず、ダラダラと仕事をし、部下に仕事を任せられず、優先順位をつけられず、重要な仕事は先延ばし。完璧を求めるあまり、書類作りは最初の一歩が踏み出せない。終わり時間を決めない会議に、お客様や部下と時間を気にせず打ち合わせする毎日。

深夜11時まで会社にいるのは当たり前。いつしか「11時＝定時」という感覚になり、深夜1時まで働いた日は「今日は2時間の残業か」という錯覚にまで陥りました。

自宅に帰ってからストレスを発散しようと、深夜にDVDを観ながらピザやハンバーガー、フライドポテトを満腹中枢に達する前にドカ食いし、ビールで胃に流し込むのがマイブーム。リーダーになってから体重は1年で10kg以上増え、1年前とは別人のような自分になっていました。

そんなある日。鏡にうつる自分の姿を見て、しばしボーゼンとなりました。「これが本当に今の自分の姿なのか？」。

そして、様々な考えが頭をよぎりました。「こんな残業だらけの毎日でいいのか？」「趣味やスポーツをする時間が取れないままでいいのか？」「目的のない人生をダラダラと過ごして終わっていいのか？」。その瞬間、「このままではいけない」と一念発起したのです。

そこで、**何よりも優先して変えようと決意したのが「仕事の速さ」でした。つまり、今やれることは今すぐやる。先延ばしをしない技術を身につけることでした。**

それからの私は、時間管理や仕事効率化の書籍を年に100冊のペースで読み漁り、ビジネスセミナーにも最低でも月1回をノルマにして参加しました。いいと思ったコンテンツやノウハウはノートに書き留め、実践し、習慣化していったのです。

先延ばしせずすぐやることを習慣化した結果、残業も減り、人生を充実して過ごせるようになりました。すぐやる技術を手に入れたことで、今はこうして9つの肩書で仕事もできるようになったのです。

同時に9つの肩書で仕事をしていると、立ち止まっている暇はありません。どんどん動いて現状の問題を解決していかないと、他の仕事に手が回らなくなります。私が実践してきた「すぐやる技術」をこの本に詰め込みました。ぜひ参考にしてみてください。

## 所得が多いほど実行が早いという真実

さて、**成功している人と、成功していない人の決定的な違い**は何でしょうか。

それは、成功している人は例外なく、やりたいことだけでなく、やらなければならないことを「すぐやる」ということ。そして、**最初の一歩が鬼のように早い。**

『ユダヤ人大富豪の教え』の著者、本田健氏は、金持ちの生活習慣を研究するために、高額納税者名簿から億万長者1万2千人を対象にアンケートを取りました。その結果、**所得が多い人ほどアンケートの回答は早かった**というのです。**「どうせ回答するなら、早く行動するほうがいい」と今までの経験上、知っていたから**です。

Clubhouse、スペースなどの音声アプリ、メタバースなどの仮想世界、そしてChatGPT。これらが世に出るやいなや、すぐに試す人がいます。

速攻で参入し、速攻で学び、速攻で使い倒す。

そんなの流行に飛びついてタイミングよく、たまたま当たっただけじゃないか。そう思う人もいるかもしれません。

しかし成功している人は、本人があまり言わないだけで、同時に多くの失敗も繰り返しています。例えばＣｌｕｂｈｏｕｓｅに前後して、同様のアプリは多数登場しています。成功者はたいがい、それらも試しているのです。そのアプリが流行らず、ムダな労力をかけていることもあります。いや、ムダな労力のほうが多いかもしれません。ただ効果が見込めなさそうなツールを見切るのも早いのです。失敗を繰り返して、成功を勝ち取っています。

ＡＫＢ48の生みの親をはじめ、ヒットメーカーとして知られている秋元康氏ですら、多くのプロデュースで失敗しながら、大スターを生み出しています。息っ子クラブ、幕末塾、ＢＡＮＡＮＡ、ねずみっ子クラブ、推定少女……あなたは、おニャン子クラブからＡＫＢ48がヒットするまでに登場した、秋元康氏プロデュースのグループをいくつ知っているでしょうか。

ライト兄弟は、「世界で初めて飛行に成功した人間」であると同時に「人類で最も多く落下（失敗）した人間」ともいわれています。

かのトーマス・エジソンは、「私は失敗したことがない。1万通りの上手くいかない方法を見つけただけだ。」と言っています。

最初の一歩をどれだけ早く踏み出すことができるかで、結果は大きく変わってきます。

スタートダッシュの利点は、他にもあります。それは、完璧でなくてもいいことです。

ウォルト・ディズニー、IBMなど、世界的な大手企業をクライアントに持つトップパフォーマンスコーチ、リー・ミルティアも「成功を収める人々と平均的な普通の人々との違いは、物事を完璧ではなくとも行動に起こす能力にある」と言っています。

例えば上司に企画書を提出するときに、成功者はすぐに提出します。**早く提出すればするほど、完成度が低くても文句は言われません。**逆に遅くなればなるほど、精度を上げなければツッコまれることになり、ますます提出が遅れる悪循環に陥ります。

**100点満点の書類だとしても、期限が過ぎてから提出しても何の意味もありません。仕事は時間との勝負でもある**のです。

まず動く、行動する。早くスタートした者が勝つようになっているのです。本書を通じてそんな成功続きの人になってくださされば、これ以上の幸せはありません。

2023年7月　石川和男

# 目次

# 第2章 先延ばしできない状態に追い込むための「環境」の作り方

# 第3章

# 「すぐやる人」になるための日々の習慣

第4章



# どんなことも楽しくしてしまう「ゲーム感覚」を身につける

第5章

# 難攻不落のクリエイティブな作業でも「すぐやる」技術



第6章

# 「すぐやるクリエイティブ脳」を鍛える習慣

装丁デザイン　菊池 祐
本文デザイン・DTP　荒木香樹
校　正　宮川咲
写　真　©iStockphoto.com/twinsterphoto

# 第1章

# 0秒で「すぐやる人」になれる、なり続けるための特効薬

# 1回だけ、1つだけでいいから、とにかくやってみる

ドイツの精神科医、エミール・クレペリン氏によって提唱された**作業興奮**はご存じですか？ **その行為をすることで興奮し、その作業を続けたくなってしまう心理的作用**のことです。

この状態に持っていくには、逃げずに始めてしまうのがカギとなります。作業興奮は、頭で考えているだけでは作動しないからです。他の仕事に逃げないで向き合い、**手を動かす。そうすることで興奮し、動き出すことができます。**

例えば、毎日腕立て伏せを30回と決めたのに今日はだるい、さぼろうかなと思ったら三日坊主の始まりです。明日も明後日も言い訳を考えて、ついにはやらなくなってしまいます。

では、どうするか？ たった1回だけでもいいので、とりあえずやるのです。そうなったら、しめたもの。腕立て伏せを1回だけしてやめる人はいませんよね（1回しかできない人は別ですが）。2回、3回と続けたくなります。それは腕立て伏せという作業をすることで興奮し、やり続けたくなるからです。**脳は、作業を止めることにエネルギーを使うより、続**

**けているほうが楽だという説もあります。**

勉強や仕事も同じです。今日は気乗りしないから明日からやろうと考えているうちに、それが毎回の言い訳になり、勉強自体をやめてしまいます。

では、どうするか？ **1ページでもいいからテキストを開くんです。**すると2ページ、3ページと読み進み、結果、勉強が軌道に乗るものなのです。仕事だって1つ書類を作ったら、1本メールを打ったら、2つ目、3つ目もどんどん続けてしまうことが多いのです。

## すべてを書き出す。ただそれだけ

「失敗したらどうしよう」「間違えたらどうしよう」「上手くいかなかったらどうしよう」。心配事で頭がいっぱいになり、最初の一歩が踏み出せない。そんな人がいます。「まさに自分がその一人なんだよね……」と思った人。落ち込まなくても大丈夫です。

というのも人はそもそも、行動できなくて当たり前だから。**遠い昔、人が生き延びるための最良の方法は、行動しないことだったた**くらいなのです。

「どういうこと？」と思われるかもしれませんが、森に入ったらティラノサウルスに襲われるかもしれない、林を歩けば蛇に噛《か》まれるかもしれない、池を泳げばワニに噛み殺されるかもしれない。行動することは、たえず死と隣り合わせだったのです。今ならただの切り傷だって、この時代なら破傷風になって命を落とすかもしれません。解毒剤もないから蛇やサソリの毒が致命傷にもなる。旧石器時代の平均寿命は、たったの15歳ともいわれています。行動することは、まさに死と隣り合わせ。下手に動くと命を落とす。そんな状況では、なかなか動けないですよね。

マインドも同じです。命を守るためには、ポジティブな情報よりもネガティブ情報をキャッチする必要があります。あの地域に人食いクマが出るから山菜採りに行かないほうがいい、雨がしばらく降らなかったら米の収穫ができないから貯水したほうがいい、台風で家が壊れるかもしれないから補修したほうがいい。危険なことにアンテナを張ることで改善策を見つけ出し、命を守ってきたのです。

今、これだけ平和になっても（といっても一部の地域では未だに、戦争や飢餓などが続いていますが）、そんな過去の遺伝子がまだ残っているんですね。

本書では、行動できない状況、ネガティブになってしまう心理を、技術によって解決するノウハウを集めました。その第一弾が、**「心配事はノートに書く」。頭の中だけで心配していたことを外に吐き出す。これだけでOK。**

**ノートに書き出してみると、失敗しても意外とたいしたことではないと気づき、原始時代からの深層心理に眠る「行動する恐怖」を払拭することができる**のです。

例えば「独立したい」と思っていても、失敗したらどうしようと不安で動くことができない。不安要素が頭の中で渦巻いている。そこで心配事をノートに書き出してみると、

▼子どもの教育費⬇頭の中では心配していたけど、大学卒業まであと1年。来年からお金に余裕が生まれる

▼生活費⬇頭の中では心配していたけど、妻も働いている。事業に失敗してもパートで月10万円稼げれば何とかなる

▼家のローン⬇頭の中では心配していたけど、払えなければ家を売って、田舎に帰れば実家もある。農地もあるから何とかなる

ノートに書き出すのは、アウトプットの第一歩！　心配で押しつぶされそうになっていたことが、書き出すことで思っていたよりも大きな問題ではないことに気がつくことができる

のです。

一方で家のローンがあと15年も残っている、子どもがこれから高校と大学と6年間もある、親の介護で忙しいなど、厳しい現実も見えてきます。

もしそうなってしまったとしても、「独立は息子が大学をあと1年で出ることになる5年後にしよう。それまでに、会計の知識を身につけよう。コミュニケーション能力を高めて人脈を広げよう。土日は独立に関連する副業をして欠点をなくしておこう」など、今すぐ独立できなかったとしても、その準備に前向きに取り組むこともできるのです。

インド出身の実業家、サチン・チョードリー氏は、著書『頭で考える前に「やってみた」人が、うまくいく』（フォレスト出版）で、**インドの大富豪たちが実践する成功法則**の1つとして、次のスリーステップ法を紹介しています。

**▼ステップ1：「何をやりたいのか」を具体的に書き出す**
**▼ステップ2：なぜ、それが今できていないかの理由を、できるだけ書き出す**
**▼ステップ3：どのようにすれば、それができるようになるか書き出す**

例えば、会社を辞めて、税理士になりたい夢があるなら

▼ステップ1：税理士試験に合格して独立する
▼ステップ2：①資格がない　②資金がない　③実務経験がない
▼ステップ3：①専門学校に通う　②毎月5万円を貯金する　③会計事務所に転職する

スリーステップ法により、何をやりたいかが明確になります。「なぜ今できていないのか」、その解決策を書くことで、前に進むことができるのです。いつまでも頭の中で「税理士になりたい」と漠然と思っていても、動けませんよね。

友人で明治大学法学部教授の堀田秀吾氏は、やらなければならないのに動き出せないときは、

**1 過去にどうして失敗したのか**
**2 一番ネックに感じていることは何か**
**3 いつまでに、やらなければならないか**

ノートに書き出す。そうすることで、集中して物事に取り組みやすくなり、動き出すことができると言っています。

東京大学卒業、スタンフォード大学大学院に留学し、マッキンゼーで人材育成を担当して

きた赤羽雄二氏は、著書『ゼロ秒思考 頭がよくなる世界一シンプルなトレーニング』（ダイヤモンド社）で、「頭に浮かぶことをメモに吐き出していくと、もやもやはなくなり頭がどんどんよくなる。究極的には瞬時に考え、結論まで出せるようになる。悪いことを書き出すとスッキリするし、心配事を書き出せば突破口が見えてくることもある」というようなことを言っています。

また、独立などの大きな問題ではなくても、**日常的な業務で判断に迷ったときもノートに書き出すことで、もっと簡単に動き出すことができます。**

例えば、当社のような建設会社が、他県の新規工事を初めて受注しようか迷った場合。頭の中で「どうしよう、やろうかな、やめようかな」と思っていても、行動することができません。

そこで、まず「千葉県○○工事」とプロジェクトの名前をノートに書き出します。次に**デメリットやメリットを書いて視覚化**します。

▼まったく新しい工事で、不確定要素があり利益が出るか分からない
▼地元で新規工事が発生したとき、待機者がいないと利益率の高い工事に参加できなくなる
▼千葉に協力会社がいないので、探すのが大変

▼協力会社が見つかっても、コスト高になる可能性がある

こんなふうに、頭の中にある不安を書き出していきます。

動けない原因を「見える化」したらメリットも考えます。

▼新たな工事にチャレンジをすることで新規開拓ができる

▼待機している職員を減らすことができる

▼千葉に進出することによって、新たな発注者が生まれる

そうすることで、当社にとって、とんでもないメリットがあることや、逆に会社の存続を脅かすデメリットが見つかるかもしれません。

さらに**会社組織のいい所は、「見える化」することで、自分一人ではなく、多くの仲間と一緒に考えられること**です。

総務担当の私だけではなく、企画室や、現場担当者、積算部、財務部など各部のスペシャリストたちの意見を聴くことができます。

自分一人の知見では、気づかなかったことにも気づくことができる。

一人ではなく、チームみんなの脳みそを使うことによって、リスクを少なく、新たな仕事を生み出すことができる。

**頭の中で思っていたときは動けなかったことが、ノートに書き出し、視覚化することで問題点が明確になり、動き出すことができるようになる**のです。しかも**複数人いる場合なら、問題点の共有ができ、解決策まで一緒に考えることもできてしまいます。**

## 想定外のことが起こっても、この魔法の言葉ですぐ動ける

あなたは、不安で夜も眠れなかったことはありますか？　心配事で他のことが手につかなかったことはありますか？　しかし、悩み苦しんだ不安や心配事のほとんどは、実際には起こっていないのではないでしょうか？

ペンシルバニア大学のボルコヴェック氏らの研究によると、心配していたことの79％は実際には起こらず、残り21％のうち16％は事前準備によって対応できるということです。

つまり、心配事が現実に起こる確率は5％。しかもこの5％には、自分ではどうすることもできない地震などの災害も含まれています。

以前の上司に、「心配事の中でも、自分で解決できることと解決できないことがある。台風で工事が遅れる、雨が続いて塗装の仕事ができない、震災で材料が高騰する……自分では

どうすることもできないことを心配しても仕方がない」と、トラブルが発生したときに言われ、随分と気持ちが楽になったことを覚えています。

心配事は9割、いやそれ以上に起こる確率は低いのです。起こる確率が低いなら不安がらずに、どんどん動く。機会損失を生む前に動きまわることが重要です。

では、ほんのわずかな確率である5％のことが、実際に起こったらどうするか。そんなときには、次の方法が役に立ちます。

『モテモテPR』（セルバ出版）の著書で、メディア活用研究所代表の大内優氏。彼は夢であった全国放送に自分の会社が取り上げられました。普通なら嬉しい話。しかし取り上げられた理由が、入居しているビルの火災だったのです。

事務所は全焼。資料も備品も、そして思い出までもがすべて燃えてしまったのです。しかも「もらい火」なので、火災保険の適用外。

すべてを失ったとき、人はどう思うのでしょうか。頭は真っ白になり、言葉も出ないかもしれません。

しかし、大内さんはというと……。想定外の事態に巻き込まれたときでも、自分が発する言葉をあらかじめ準備していたそうです。それは、こんな言葉でした。

「そうくるか！」。**予期せぬことが起こったときは、「そうくるか」とつぶやくと決めていた**のです。

以前、テレビ番組を制作していた彼は、予期せぬことが起こるのは日常茶飯事。そのたびに驚いたり、ひるんだりしていたら動けなくなります。「そうくるか！」と言って、どんな事態もいったんは受け入れ、動いたほうがいい。

火事ですべてを失い、「もうダメだ！　どうしよう。生きていけない……」といくら連発しても、現状は変わりません。動き出すこともできなくなります。

大内さん曰く、想定外の災難から立ち直るステップは、次の通り。

**▼ステップ1：「そうくるか」と言って、いったん受け入れる**

**▼ステップ2：そのあとに対策を考える**

**▼ステップ3：さらに、前代未聞の予想していなかった状況を楽しむ**

**この3ステップが大事。この通りに粛々《しゅくしゅく》と進めれば、自然と立ち直れる**と。

**ひどい目に遭《あ》っても、ウソのように立ち直って平然としていると、周りに人が集まってきます。**それはそうです。いつも暗く苦しい顔をし続けている人のもとには、人が集まってきません。最初は同情しても、人は徐々に離れていきます。

私も、大内さんの話を聴いて以来、順調に進んでいた工事が不測の事故で赤字に転落したり、銀行に融資を断られたりしても、「そうくるか！」とつぶやいて、事態を受け入れ、楽しみながら、対策を進めるように心がけています。

ハーバード・ビジネス・スクールのブルックス氏の研究によると、緊張状態のときに「不安だ！」「興奮している！」「無言（何も言わない）」の三択だと、不安を口にしたり、何も言わずに平静を装うより、「興奮する、ワクワクする」と言ったグループは、パフォーマンスが上がったそうです。

どんなことがあっても、どんな状況になっても、その状況を楽しむ。ピンチのあとにチャンスがくると考え、乗り切る。下を向いていないで、早く着手したり、相談して周りを巻き込んだり、知恵を借りたりする。そして顔を上げるのです。

前述のように、人は元来、ネガティブな動物です。ネガティブに考えることは遺伝子レベルで仕方がないこと。そんなネガティブ思考に拍車をかける出来事が起こったときは、**魔法の言葉、「そうくるか」を唱えて前向きに考えて、動き出しましょう。**

起こった事実を〝変える〟ことはできません。しかし、**起こった事実を〝どうとらえるか〟は変えることができる。**これが重要なのです。

「考えられるネガティブなことを想定し、すべてノートに書き出してみる」と前項でお伝えしました。想像できるネガティブな事態は、紙に書き出し、想定しておく。

そして、**想像を超えたネガティブな事態は「そうくるか！」で乗り切る。**

これで、すべての事態を乗り切って、すぐにでも動き出すことができますね！

# メリットだらけ！　黙ってやらずに、言いふらす

税理士、大学講師、ビジネス書著者、オンラインサロン開講……。私は、様々な夢を叶えてきました。

そこには、共通点があります。それは、言いふらし続けたこと。私は、人に言いふらすことで、夢を実現してきました。

では、**なぜ言いふらすと夢は実現するのか？**　そして、その夢を実現させるために、なぜ動き出すことができるのか？　そこには、**3つの理由があります。**

**1つ目は、有言実行。後には引けなくなるから**です。

夢を実現するためには、その夢に向かって動き出さなければなりません。自分一人で密かに考えていたら、「今は忙しいから」「仕事が落ち着いたら」「時間ができたら」と、簡単にやらない言い訳を考え始めます。誰も知らないから、やめることもできるのです。

しかし、言いふらすとどうなるか。定期的に「あれどうなった？」「試験勉強は順調？」と聞かれます。**聞かれるたびに、やめたとは言いづらい。人の目は動く原動力になる**のです。

**2つ目に、協力者が現れること。**

私が「大学講師になりたい！」と言っているときは、「この大学で講師を探していたよ」「あの大学で講師が辞めたみたいだよ」、と教えてくれる人がいました。**言いふらすことで、情報が入ってくる**のです。

専門学校で、「講師になりたい」と言いふらしていたときも、先輩講師から「石川さん、講師をやりたいって言っていたよね。やってみる？」と声をかけられたのです。講師の空きが出たときは、一般募集が通常ですが、個別に直接、私に話がきました。

大学で講師をしていると、「自分もやりたかったな～」とあとから愚痴《ぐち》を言う知り合いもいますが、「いや、あなたから、やりたいって聞いたことないから」と、心の中でツッコミを入れています。**言ってくれないと情報は伝わらないし、誘いたくても誘えない**のです。

注意したいのは、「大学講師になりたい！」と、町内会やコンビニエンスストアのレジの前、集団下校をしている小学生に向かって叫んでも、なれる確率は低いことです。どれだけ公言しても、大学講師になるのは難しいでしょう。だいぶ極端な例でしたが、分かりやすく説明すればこういうことです。

では、どこで言いふらすのか？　夢を実現してくれる、夢に共感してくれる、夢に賛同してくれる場所で言うのです。そのような仲間と一緒にいられる環境が必要です。

また協力者が情報をくれたときに、「まだ準備ができていないから、せっかくだけどお断りします」とは言えませんよね。声をかけられることを想定して、すぐできるように準備をしておかなければなりません。つまり、**公言することは夢を実現させる行動を起こすキッカケもなる**のです。

ところで、自分で声に出した言葉を、いつも真っ先に聞いてくれる人は誰でしょう。妻？　夫？　お母さん？　彼氏？　彼女？　飼い犬？　インコ？　いえ、違います。自分自身ですよね。自分自身が、最初に自分の行動したいことを聞いているのです。

ちなみに、「どうせ無理！」「自分にはできないから……」「成功できない」とネガティブワードをつぶやいても、最初に聞くのは自分自身です。自分自身にできないと言い続ければ、できないに決まっています。

話を戻して「●●したい」「○○できる！」と宣言すると、どうなるか。**そのことにアンテナが向くようになります。これが3つ目の理由**です。

「税理士になりたい！」と言った瞬間、アンテナが税理士というワードをキャッチします。そして不思議な現象が起こります。今まで見えていなかったものが見えてくるのです。税理士になると決めた瞬間、よく通る道や通勤途中で会計事務所を見かけるようになります。レンタルショップの2階、友人が住むマンションの5階、薬局の並び……と、意外に会計事務所がたくさんあることに気がつきます。

「いつの間に開業したんだろう」とよく見てみると、以前からあった老舗の会計事務所だったりします。何度も通っている道なのに、意識をしていないので見えていなかっただけなのです。

あなたも、建設中の建物や更地を見ると、「あれっ、ここ以前は何があったんだろう？」と思うことはありませんか？　何度も通っている道なのに思い出せない。見ているようで見ていなかったのです。人は見たいものしか見ないし覚えないのです。決めた瞬間に、今まで見ていた景色から見たい景色は変わります。税理士になると決めた瞬間、税理士に関連するものが浮き出てきたのもそのためです。

さらに、「税理士になる」と公言し、そこに意識が向くと「どうすれば税理士になれるか」を考えるようになります。資格取得の方法には、独学と通信と通学がある。難関試験だから、通学が一番の近道。通学するなら、伝統と実績のある専門学校がいい。専門学校の講義日程は火曜日の夜だから、その日は残業しないように……など、公言した瞬間から、様々な情報が目につき、脳は勝手に実現に向けた準備を始めるのです。

補足です。もう1つ、言いふらすことによる効果があります。それは、**誘いを断りやすくなるし、誘われなくなること**です。

「税理士になりたい！」と言いふらしていると、飲み会や遊びの誘いがあっても勉強を理由に断ることができます。そもそも誘われることも減ります。

断るのも断られるのも気分が良いものではありません。公言していないと断る言い訳をいつも考え、さらに「3回に1回ぐらいは付き合わないと」と思うようになります。ストレスもたまります。公言すると、これらの問題を回避することもできるのです。

## 大成功をイメージしない

私の最終目標は、税理士になることでした。しかし、最初から税理士試験の勉強をしていたわけではありません。はじめから大きな目標だと、挫折してしまう危険性があるからです。

イギリスのハートフォードシャー大学教授で、プロマジシャンとしても活動していたリチャード・ワイズマン氏は著書『その科学が成功を決める』(木村博江訳／文藝春秋)で**「成功する自分をイメージする方法はむしろ逆効果」**といったことを言っています。

例えば、学生を2つのグループに分けて、片方のグループには、試験で良い点数を取った最高のシーンを毎日イメージしてもらう。もう一方のグループには、何もイメージしてもらわず、いつものように試験勉強をしてもらいました。その結果、なんとイメージしなかった後者のほうが点数は高かったのです。

また、ダイエットに参加した女性グループでは、やせている自分をイメージしながら過ごしたグループより、イメージしなかったグループのほうがダイエットに成功したそうです。

さらに就職活動でも、成功イメージを思い描いたグループより、描かないグループのほうが上手くいったという結果になりました。

原因として、ワイズマン氏は、

**1 現実逃避をして、目標を達成しようとする努力を怠ってしまった**

**2 途中で遭遇する挫折に準備しなくなってしまう**

と、言っています。

ダイエットできた自分をイメージだけして、食事制限などの努力もせず、美味しいものがあるとつい食べてしまう。就職活動で内定をもらって喜んでいるイメージだけして、面接の練習もせず、希望している企業を調べもしない。

だからこそ、**大きすぎる目標を持ってイメージしてしまうと、現実が見えにくくなり対策を怠りがちなので危険**なのです。

そのためには、**大きな目標を立てるだけでなく、途中途中での小さな目標も複数立てて、これらの小さな目標を達成しながら大きな目標を実現していく**のです。

目標は小さいほど現実味を帯びやすくなるので、**自分の現時点での能力や立ち位置と、目標との乖離《かいり》が把握しやすくなります。**その結果、**危機意識を持つようになったり、具体的に**

**何をすればいいのかが見えやすくなったり、何より行動に移す際のハードルも下がります。**

そして、**挫折もしにくい**です。思ったよりも難しいとなっても、目標が小さければ何とか頑張る気も起きます。

さらに、人生で勝利を味わってこなかった場合には、小さな目標を達成することで、**勝ち癖をつける**こともできます。行動することで成功できるという体験を積むことができます。

実は私は、受ければ必ず合格する偏差値30の高校、夜間の定時制大学、しかも留年をしてブラック企業に就職しました。簿記の知識はゼロ。

いきなり、「税理士になる！」と成功イメージを描いただけでは、この実験どおり、失敗に終わっていたことでしょう。

そこでまずは、建設業経理事務士4級合格を目標にしました。この試験は平均合格率75％以上という難易度が低い試験です（当時）。この試験にチャレンジしたあとで、建設業経理事務士3級、日商簿記検定3級、2級建設業経理士、1級建設業経理士と徐々に難易度を上げながら、合格していきました。

最終的には税理士試験に合格しましたが、最初から税理士試験にチャレンジしていたら、前述したイメージだけが膨らみ、早々と挫折していたと断言できます。

スキルアップも同様です。私は以前、キャリアアップのために専門外の土木工学の勉強をしようと試みました。建設会社で経理に配属されていても、土木の知識があれば現場の人と対等に話せ、実務を知ることで今後の経営にも役立つと考えたからです。現場に行き、工事について的確なアドバイスをしている成功イメージを抱いていました。

しかし、工事部の同僚に借りた「土木概要」の本を手に取ってもまったく分かりません。工事部にとっては基礎的な書籍でも、実務経験のない私にとっては難しすぎました。

そこで小さな目標に切り替え、まずは「マンガ土木入門」というような本から読み、「土木　超入門」「新入社員のための土木入門」など徐々に難易度を上げ、高い目標を打破する力をつけてから、最終的には2級土木施工管理技士のテキストを理解できるようになりました。

では、最初から小さな目標だけ掲げていればよいかというと、それもまた問題です。小さな目標を達成してしまうと、それが達成した瞬間に燃え尽き症候群になり、モチベーションも下がります。**目標が達成しそうになったら、もう少し高いハードルを設定しつつ行動していくことが、成功へと動き続けるコツ**なのです。

# 迷ったときは経験者に相談。それでも未解決なら五円玉に聞け

独立、転職、難易度の高い資格取得。人生を変える一大決心をするとき、人は不安になります。迷えば人からアドバイスを受けたくなります。「どのような方法を取れば、転職は成功するか？」「独立して食べていくにはどうするか？」。

現状を変える相談をすると、大抵は「今の会社に残ったほうがいいって」「起業なんて、やめておきなよ」「どうせ無理だよ」、そんな答えが返ってくることが多いのではないでしょうか。

相談された人は親だろうと親友だろうと、純粋に心配してくれるからです。彼らに悪気はありません。特に家族の場合だと、今後の生活の巻き添えを食らう可能性も大きいですから、他の相談相手よりも不安をいっそう抱えるでしょう。

一方で、意識、無意識に関係なく嫉妬から、もしくは今まで仲間だったのに違うステージにいってほしくないという理由から、反対する人もいます。このような気持ちで反対する人を「ドリームキラー」と呼びます。

私も新卒で入った会社を、税理士試験に専念するため辞めようとしたら、「偏差値30の高校、夜間の定時制大学を留年したお前には、難関試験なんて無理。挑戦するだけムダ」と反対にあいました。

講演家になるために講師塾を選んでいるときも、「口下手で人見知りのお前には無理」と一蹴されました。

あまりに多い反対意見に耳を傾けながらも、乗り越えて夢を実現してきました。

私は、「今年こそ出版しよう」というコンセプトで出版塾を開催しています。無料説明会には、「自分のコンテンツを世の中に広めたい」「息子に遺言代わりに本を残したい」。様々な夢を持った人が参加してくれます。説明会のあとの懇親会では、目をキラキラさせて出版にかける熱い思いを語ってくれます。

しかし申し込み日になると、「妻に反対されて」「職場の先輩に聞いたら、仕事が忙しくなるからやめたほうがいい」「お金を取られるから怪しいと言われ」などと周りに反対され、熱く語っていたあなたはどこへ消えた?というぐらいに断りの連絡が入ってくるのです。

私が体験したように、大抵のアドバイスは否定から入ってきます。そして、**否定するような人は、実際にそのことをやった経験はありません。**難関試験を受験したことのない人、講師じゃない人、出版を実現したことのない人に聞いても意味はありません。今まで人生を変えることにチャレンジしたことのない人に、人生が劇的に変化することを話しても、止められるだけなのです。

**アドバイスは100人の未経験者に聞くよりも、たった一人でも経験者に聞くほうがいいのです。**未経験者がいくら集まっても、心配や嫉妬こそしても（もちろん応援してくれる人もいますが）、的確なアドバイスをもらえることは難しいです。

経験者がいない場合もあるでしょう。あるいは経験者に相談しても、まだ決断に迷うこともあるかもしれません。そんなときに、良い方法があります。それは**「五円玉占い」。やり方はすごく簡単**（その様子の写真はP42にあります）。

**1 五円玉と18センチほどの糸を用意します**
**2 五円玉の穴に糸を通して結びます**
**3 糸の先端を親指と人差し指で、はさんで持ちます**
**4 頭を垂れ、糸を持った親指と人差し指を額につけ、目を閉じます**

**しばらくすると、不思議なことに五円玉は、左右か上下に動き出すのです。**

五円玉が、「左右に動けば○○、上下に動けば△△」と事前に決めておきます。20秒ほどして目を開けると、五円玉は潜在意識が選びたいほうに動いているという仕組みです。

私は30代のころ、地元の北海道に戻るか、埼玉に残るか迷った時期がありました。北海道は学生時代の友人が大勢います。埼玉には友人は少なく、残ることは友人との交流を絶つことを意味します。今のようにＬＩＮＥやフェイスブックなどのＳＮＳはなく、それ以前に携帯電話もない時代でした。簡単に連絡は取れません。一方、埼玉では課長待遇でヘッドハンティングをされていました。

友人との交流を取るか、課長の地位を取るか。悩みに悩み、いきついた先が「五円玉占い」だったのです。左右に動けば埼玉、上下なら北海道と決め、頭を垂れ、額に糸を持った親指と人差し指をつけ、目をとじました。20秒ほどして目を開くと五円玉は、大きく左右に

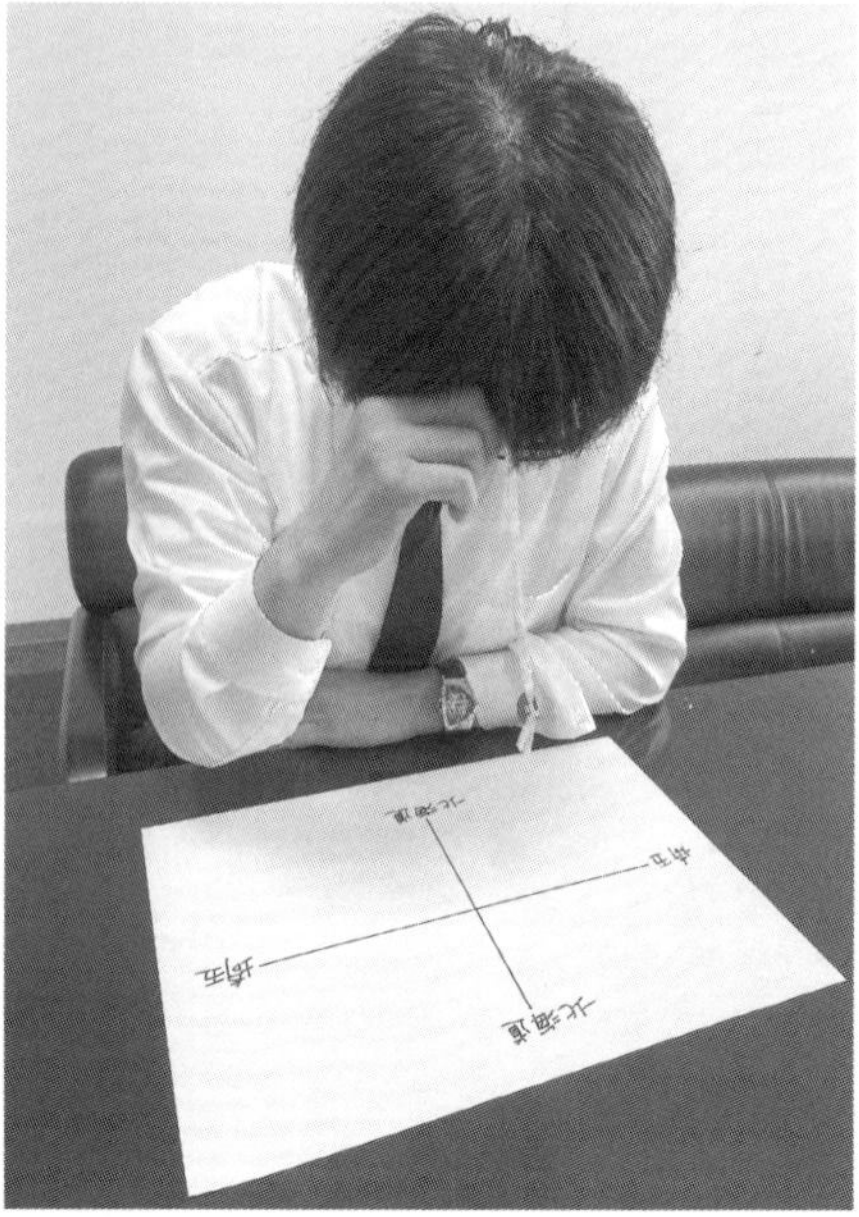

五円玉占いをしている様子

揺れていたのです（上下左右両方に動いたときは、大きく動いたと判断したほうを採用します）。

「あ～自分は、内心ではウスウス思ってたけど、やっぱり出世欲が強かったんだな。ブラック企業に就職したときから人生を変えたい、現状を打破したいと思っていたから当たり前か」と、左右に動く五円玉を見て妙に納得したのを覚えています。そして埼玉に残ることを決心したのです。

気持ちはスッキリしました。管理職として勝負をしたい気持ちが潜在的にあったと明確になったからです。潜在意識とは、自分の中の深い部分にある自覚できない意識のことです。

**人間の意識の95％以上は潜在意識が占めている**といわれています。**五円玉占いではその潜在意識が反応し、自分の進みたい道を選び、無意識に体が動く**といわれています。

そんなこと信じられない？　あなたは、そう思うかもしれません。

とはいえ、**実はどちらに動いても良い**と私は思っています。**その動いたときの自分の正直な気持ちを知ることが重要**なのです。

例えば、埼玉に残る側に動いたとき、ほっとすれば残ればいいし、「いや、自分は地元の友達と遊んで楽しみたいのに」と思えば北海道に戻ればいい。動いたその瞬間の気持ちが重要なのです。

コイントスの方法もあります。

『ヤバい経済学』（東洋経済新報社）の著者でシカゴ大学の経済学者、スティーヴン・D・レヴィット氏は、「人生の重要な意思決定の場面で、決断できない人はどうすべきか」を調査しました。

方法は、**コイントス**のウェブサイトを作るというもの、訪問者が「転職すべきか」「離婚すべきか」など迷っていることを書き込み、**表が出れば「実行」、裏が出れば「実行しない」という簡単な仕組み**が施されています。1年で4000人以上の訪問者が訪れ、なんと63％の人がコイントスで意思決定をしたのです。

その後、彼らの人生がどうなったか？　追跡調査したところ、**裏でも表でも、悩み続けるよりも決断をし、行動を起こすことで幸福度は高まった**そうです。

人生を決める一大決心をするとき、人は迷います。迷って動けなくなることもあります。

相談するときは、未経験者ではなく経験者に相談する。

それでも悩んだら、五円玉占いで自分の真の方向性を考える。

そして、悩んで動けないでいるぐらいなら、コイントスでもして、どちらかに決めて行動をするほうが幸福度は高まります。悩んでいるぐらいなら立ち止まらず、動き出しましょう。

余談ですが、誰かのアドバイスによって物事を決定し、それが結果的に間違えていたと思われる選択であっても、その人を恨まないでください。

私も様々な相談を受けてきました。成功したときはお礼の連絡はほぼこないのに、失敗したときは恨みつらみの連絡を受けることが実に多い（笑）。

決めたのは自分です。どんな意見を聞こうとも最終的な判断をしたのは自分自身なのです。

# 第2章

# 先延ばしできない状態に追い込むための「環境」の作り方

# 「寝る時間」と「起きる時間」を固定する

9つの肩書で仕事をしていると、「そんなに仕事をしているのに、よく本1冊分の原稿を書く時間がありますよね」と言われることがあります。

確かに執筆の時間は限られています。しかし、それを可能にしている時間帯があります。それは、朝時間です。

出版が決まったら朝5時に起きて、出社準備を始める8時まで執筆します。それだけで3時間は確保できるのです。

ビジネス書だけを書いて生計を立てている人は、ほとんどいません。私の予想では、ビジネス書著者の中で0・1％もいないでしょう。経営者やサラリーマン、コンサルタントなど、他の仕事もしています。しかも一線で活躍しているので、かなり忙しい。そんな方々が1日3時間を執筆の時間に充てられたら、時間がだいぶ確保された状態になります。

9つの肩書で仕事をしていても、どれだけ忙しくても、朝の時間を活用することで、その3時間を確保することができるのです。

あなたも、何か始めたいけれど時間がなくてスタートが切れないと思っていることがあれば、朝時間を活用してください。**先延ばししていることがあれば、朝時間を使ってやり終えてください。**

夢を実現させるためには詳しくは後述しますが（P98）、目標、理由、期限、具体的数字の4つが必要です。そして、**目標を達成するのに1日何時間必要かが分かれば、実現可能性がぐっと高くなります。**

なぜなら、朝のゴールデンタイム（なぜそう呼ぶのかはP51にて）をその時間に充てれば良いからです。1時間なら1時間、2時間なら2時間。早起きして出社準備前にそのことをやる時間にするのです。

たった1時間早く起きる。もう少し頑張って毎朝2時間早く起きれば、スキルアップ、キャリアアップ、その他大勢から抜け出せるなら、**起きない選択肢はありません。**

6時に起きられない。5時なんて無理。そう思っている人は、その時間が早いと思い込んでいるだけです。例えば、農業を営む方は4時、パン屋さんは5時に起きています。漁師の方はもっと早い場合もあります。なぜ可能なのか？　実は単純なことで、**早く寝ているから**です。

あなたの適正な睡眠時間が仮に7時間だとして、朝6時に起きなければならないなら夜11時に寝ればいいだけの話です。夜11時に寝ることだけを死守すれば6時には、必ず起きられます。深夜1時に寝たり、2時に寝たり、一定していないので起きられないのです。**適正な睡眠時間で寝れば、勝手に目が覚めます。**

昼の報道番組を担当していたアナウンサーが、早朝6時の番組に異動になったら深夜3時には起きて準備するでしょう。起きられないか？　起きられるんです。寝坊して週に2、3回番組に遅刻してくるアナウンサーを見たことないですよね。番組に穴をあけない覚悟と、3時に起きるために適正な睡眠時間で寝ているからです。

やりたいことを夜に実行しようとしても、急な残業や、友人の誘い、飲み会などが入り、思うように計画が立てられないかもしれません。そして何より、長時間の労働で集中力も切れています。自宅に帰ったら、テレビをつけて、冷蔵庫を開けビールを取り出す。ソファに座り、テレビを観る。食事をとり、ＬＩＮＥの返信をして、ＹｏｕＴｕｂｅを眺めている間に、もう夜10時。そろそろやろうと思ったら、「お風呂沸いているよ」のひと言。勉強は明日でいいかと後回し。夜は時間が無限にある気がすることによる罠でもあります。なかなか行動に移せないのです。

一方、**朝は上司や部下からの声掛けも、友人が遊びに来ることもありません。**朝6時に友人が舟和の芋ようかんを持って遊びに来たら驚きます。

そして出社準備という究極の期限があります。期限は人を燃えさせます。1日の始まりでエネルギーもそんなに使っていないので集中力も満タンです。せっかく早起きしたのにマンガを読み、ゲームをして過ごす人はいません。朝時間の実行力は、家にある様々な誘惑に負けないほどの威力があるんです。これが「朝はゴールデンタイム」と私が呼ぶ理由です。

こんな集中力がみなぎり、難易度の高いことができる時間に、身支度に時間と神経を注ぐのは、あまりにももったいない。だからといって、故スティーブ・ジョブズ氏やオバマ元大統領のように、同じ服を着続けろとはいいません。集中力の切れている夜に、明日着るスーツやワイシャツ、ネクタイを選べばいいのです。

朝活の第一人者で、株式会社朝6時代表の池田千恵氏も、朝は大事なことを実行に移すのに集中するために、「朝食は前日の夕食を温め直して食べる」「服は曜日ごとに固定させる」など、ルール化しておくことを勧めています。

朝のゴールデンタイムを、現在と未来を変えることを毎日やり続ける時間にしたら、あなたの人生は確実に変わります。

# 会社の机は極限まで片づける

新入社員のころ、「資金繰り表」を会社の机に置きっぱなしにして自宅に帰ったことがあります。資金繰り表とは、会社の収入と支出、そして今後いくら足りなくなるのかを書いた社外秘の重要書類です。社内でもやたらに見せられません。

次の日、烈火のごとく上司に叱られました。私としては、会社に来てすぐ仕事を始められる状況にしておきたかったので、そのままにしていたのです。

しかし考えてみれば、資金繰り表は機密情報。お客様や金融機関などの外部の人に見られるかもしれません。次の日、誰よりも早く来て仕事をしようと思っていても、風邪で会社を休んだり、電車が遅れたりするかもしれません。私がいない間に資金繰り表がずっと置いてある状態だと、**様々な人に見られて私の信用も失われます。**

上司に叱られて以来、机をきれいにして帰るようにしています。

それどころか、**今では机の上には極限までモノを置いていません。**

例えば、机の右端に、14時になったら来るお客様の名刺を忘れないように置いてあったらどうでしょう？　他の仕事をしているのにその名刺が目に入り、お客様の顔や打ち合わせで何を話すかなど雑念が入り、目の前の仕事に集中できなくなります。

他の書類や稟議書《りんぎしょ》なども同様です。**目に入るたびに集中力が失われます。配置上、机に置かざるをえない場合は、書類はすべて書類箱に入れて蓋《ふた》を閉めておくことをお勧めします。**

さらに、机に置いてあるモノに、「本当にお前は、今やっている仕事に必要なのか、必要じゃないのか、必要じゃないのになぜ机にあるんだ」と語りかけるといいです。もちろん周りの目もあるので、口に出さずに問いかけます。この筆記用具は本当に必要なのか？　突き詰めると今の仕事に必要なのは4色ボールペンと定規だけ。必要のない筆記用具はペン立てにしまおう。そう考えているうちにペン立て自体もいらないことに気がつき、今ではペン立てごと、2番目の引き出しにしまっています。

ティッシュ箱は誰の机の上にも置いてあります。しかし、本当に必要なのか？　花粉症の時期は必要だが、この時期は使わない。となれば、私は引き出しにしまっています。

ペットボトルで水を飲んでいるけど、飲むごとにキャップを外すのは面倒。キャップを外したままが時間効率的に良い、キャップは外しておこう。

こうして最終的には、固定電話とキャップなしのペットボトル、そして目の前の仕事に必要な筆記用具だけが机の上に残ったのです。

視界に余計なものが入らないので、今ある仕事に集中できます。それしかないので、他の仕事に目移りすることもありません。**目の前の仕事に集中して、ハイスピードで仕事をするためには、机の上を徹底的にきれいにすることが重要**なのです。

## 自宅の机は片づけない

前項では、「会社の机」は極限まで片づけているとお伝えしました。出社したら毎朝、何もないきれいな机で新鮮な気持ちのまま1日をスタートするのは気持ちがいいものです。

会社の机が片づいていない人は、出社もギリギリの人が多く、就業のチャイムと同時に席につきます。お客さまからの電話を受けると、机が片づいていないのでメモ紙も見つからない。仕方なく机の上にある書類の裏に要件を書きなぐる。結果、要件を書いた書類が見つからなくて大騒ぎになったりも……。

一方、自宅の机は違います。**自宅の机は、汚くてもOK。整理されていなくてもいいいで**

**す。昨日の夜、勉強したのであれば、そのままの状態にしておきましょう。**

自宅の机は、何に使われるのか？　それは人生を変える勉強だったり、転職のためのスキルアップだったり、会社で一目置かれる存在になるためのキャリアアップだったり、それらの目的のために使います。誰かが自宅に押し掛けて机の上を見ることもありません。

目はパッチリ、頭はスッキリと目覚めた朝ならいいですが、起きた瞬間は眠気との戦いの日もあります。書棚やカバンから勉強道具を取り出すその一手間が煩わしいのです。

起きたらゼロ秒で机に向かい、勉強など目的の行動に取り組みたい。初動が大事です。**初動を大切にするためには、準備に時間をかけない。これが大事**です。ですから机はむしろ、昨夜のままがいいのです。

私は、**最初のスポーツジムは長続きしなかったのですが、原因は準備にありました。**上下のスウェット、靴下、タンクトップやタオルを用意しなければならない。前回着ていた衣類やタオルはカバンに入れっぱなしだった。それを取り出し洗濯機に入れてから用意しなければならない。そんなことを頭で考えているだけで面倒になってくるのです。その一手間を考えることが、スポーツジムへ行く足を遠ざけてしまいました。

今のジムに通い続けられている大きな理由は、スポーツウエアからタオルまですべてジムに揃っていることだと思います。準備ゼロ、身1つで行けばＯＫなのです。いろいろと用意しなければと頭で考える必要がないので、すぐに向かうことができます。以前のジムより料金は高いです。しかし、安くても通わなければ意味はありません。**お金ですぐやる仕組みを買った**のです。

「結果にコミットする」のフレーズで有名なＲＩＺＡＰグループ株式会社。今、ｃｈｏｃｏＺＡＰ（ちょこざっぷ）を全国展開しています。低価格で24時間営業のｃｈｏｃｏＺＡＰは、無人受付なので入って10秒でスタートできます。服装自由で靴の履き替えも不要。着替える必要もないので、準備時間はゼロ秒です。続ける工夫がなされています。

話は戻って、朝起きるのが苦手な人も多いと思います。勉強するか出社準備の間まで寝るかの勝負です。気持ちよい布団に打ち勝つためには、机にさえ向かえば勉強できる体制を整えておくことです。

私は税理士試験の勉強中、寝る前に間違いノートを読んでから寝ることを習慣にしていました。テキストや問題で分からない箇所をまとめたノートです。そのノートを寝る前に読み、次の日の朝に続きを読む。**寝る直前に勉強したことは寝ている間に頭の中で整理されます。夜勉強し、眠りながら整理をし、朝もう一度復習することで記憶に定着していきました。**

完了したことより、途中で中断したことのほうが記憶に残る心理現象をツァイガルニク効果といいます。勉強を切りの良いところで終わらせ、新規のところから始めるより、途中まででやめて、朝から続きをやると、始めやすいのです。私は、続きからすることでスムーズに始められ、記憶はいっそう強固になりました。

**面倒な勉強に前日の夜から少しでも手をつけておくことで、翌日の朝は、続きからでき、最初からやるよりハードルが下がります。**

さらに机をそのままにして寝ることで準備しなければいけないという面倒なこともなくなり、すぐに動くことができるのです。

朝はエネルギーが満タンです。その貴重な時間に用意をする手間を省くこともできます。会社の机は徹底的にきれいにする。でも自宅の机は片づけないで、起きたらゼロ秒で行動できる体制をとる。

同じ机でも、目的と用途によって違ってくるのです。

# 家から出る

私は、税理士資格の勉強中、大好きだったゲーム機とゲームソフトを、すべてゲーム好きの義弟の自宅に送りました。パソコンに入っている『スパイダーソリティア』というゲームも削除しました。秘蔵のマンガ本は、段ボールに入れ、ガムテープでぐるぐる巻きにして押し入れにしまいこみました。税理士試験が終わるまでは、ゲームはやらない、マンガは読まないと決めたのです。私にとってゲームやマンガは、勉強を先延ばしする最大の敵になっていました。

そんな努力をしても、10分間休憩しようとイスの背にもたれかかり、子どもの生まれたときの写真を見てしまうと、「このころは可愛かったな～」、「芸能事務所に入れようと真面目に考えていたんだよな」と懐かしみ、高校時代のアルバムなんて開いてしまったら最後、「アイツ元気かな～」と思い出し、年賀状の束を取り出して1枚ずつ見返す始末。

気を取り直してコーヒーを取りにリビングに行くと、子どもにつられてテレビにかじりついてサッカー観戦。人の応援をしている場合ではないのに、ついチームの応援をして最後まで観る。結局、10分の予定が4時間の休憩になり、気づいたときには夕食に。完全に勉強のペースが崩れてしまうのです。

家には、テレビ、ゲーム機、マンガ、ネット、SNS、ペットにベッド。様々な誘惑があります。その誘惑に負け、本来やろうとしていたことを先延ばしにしてしまう。

そんなときは、**誘惑の渦巻く「自宅（家）」という名の世界からいち早く脱出しましょう。**1秒でも早く家を出て、**自習室や図書館、コワーキングスペースに避難する。**私が税理士試験に専念していたときは、朝8時から夜9時まで自習室で勉強をしていました。

ただし、たった1つだけ例外があります。前述した「朝時間」です。朝のゴールデンタイムはすべての誘惑に打ち勝つパワーがあります。でも朝時間以外は、あなたも思い切って外に出て、違った場所で先延ばししそうなことを実行してください。

**喫茶店やファミレス、ファーストフード店**などへ行く。長居は迷惑になるので、例えば、1時間限定で、仕事なら企画書を書くことだけに向き合う、勉強だったらテキスト20ページ分読み込むなど、目の前のことだけに没頭する。

**公園のベンチも良い場所**です。暖かい日は、噴水の音や子どもの笑い声、鳥のさえずりなどを聞きながらだと案外集中できるものです。

**心地よい雑音は、無音よりも集中力が増すという研究結果も出ています。**イリノイ大学アーバナシャンペーン校のラビ・メータ氏などの研究チームは、「無音、50デシベル、70デシベル、85デシベル」と4つのグループに分け、創造的思考のテストを行ないました。実験の結果、70デシベルのグループは、他のグループより突出して成績がよかったと発表しています。

70デシベルは、喫茶店での周囲の話し声に相当するノイズ（雑音）です。85デシベルは、静かなオートバイのエンジン音に相当するレベル。つまり、無音でもなくうるさすぎもしない適度の雑音は、創造的思考能力を高めるのです。

そういわれてみると、騒がしいのはもちろん、**静かすぎるときも集中できない**ですよね。時計の秒針の音まで聞こえる静けさでは、かえって集中できない。私は、一人で会社にいるときは換気扇をつけて無音にならないようにしています。わずかなノイズは、音のない世界よりも適度に集中力を高めてくれるのです。

最後に、**電車。**

税理士の試験勉強をしているとき、法人税という科目を勉強している仲間がいました。法人税には計算問題と理論問題があります。理論はほとんど丸暗記です。自習室の勉強に飽きたり行き詰まったりしたとき、その仲間は「ちょっと理論の旅に出てくる」と言い、大宮駅から宇都宮駅間を往復したり、池袋駅に行って大宮まで戻ってくるなど、電車という限られた場所に自分を追い込み、理論の暗記をしていました（ちゃんと定期券を持っている人です）。そして彼は今、税理士として活躍しています。

電車という限られた場所、目的地までという期限。さらに後述するグリーン車だと、出費、限られた空間、究極の期限という3つの要素が揃って無敵です。

自宅を飛び出し、自習室、図書館、公民館、コワーキングスペース、喫茶店、ファミレス、ファーストフード店、公園、電車などなど、探せば集中できる場所はいくらでもあります。それしかできない空間に自分を追い込んで、先延ばししていたことを片づけてしまいましょう。

# ちょっとでもいいので、お金をかける

私は在来線を利用するときでも**グリーン車を利用**しています。35分前後の移動時間だけで約800円のグリーン料金は結構な出費です。しかし、それでも得をしています。**座れるのでいろんな作業ができます。そしてお金を支払った分、元を取るために勉強や仕事に取り組もうと思う**のです。

グリーン車に乗っている時間は、全集中で書籍を読んだり、セミナーコンテンツのブラッシュアップをしています。次の駅までに20ページ読もうとか、目的の駅までに1つ片づけようとか、期限を決めて時間を有意義に使っています。建設会社の仕事を17時に終え、講師として大学に向かうときもグリーン車を利用し、講義の予習の時間に充てています。

普通車では、ついSNSを見たり、LINEやメールの返信で時間をつぶしてしまう。疲れているときは寝てしまうこともあります。お金をかけていないので、その時間に対して気持ちが乗らないことが多いのです。

**筋トレやジョギングも同じ**です。計画を立て、自宅でストレッチ、腹筋50回、縄跳び100回、毎晩ジョギング2㎞と決めていても、お酒を飲んで帰ったときや小雨が降っていると、気分が乗らないので続けられず、三日坊主に終わってしまいます。

私自身、**怠け癖があることを自覚しているので、スポーツジムの会員になっています。会員になると当然、会費がかかります。会費分ぐらいは元を取ろうと、ジムに通うことができるのです。**

**さらに良いのは、その場でヨガやエアロビクスの予約を入れてしまうこと。予約を入れてしまえば、その日は行かなければなりません。先延ばしすることができなくなります。**

今年70歳になる講師仲間の大先輩は、何度挑戦しても自宅では運動が続かないので、1年前から専属トレーナーをつけました。マンツーマン指導によって筋トレを継続し、今では15歳年下の私より筋肉隆々。「高いお金を支払い、トレーナーをつけたから続けられた。自宅だと続けられなかったよ」と、スマホに保存している盛り上がった大胸筋の写真を見せながら、嬉しそうに言っていました。

私は、税理士試験1年目は、働きながら独学で勉強していました。でも、まったくと言っていいほど計画通りに進みません。急な飲み会や友人からの遊びの誘いがあると、ついそちらを優先していました。様々な誘惑に勝てず、勉強は先延ばしになり、途中で挫折。

2年目からは**専門学校に通いました。**何十万円も支払っています。途中でやめる選択肢はありません。しかも勉強時間確保のために退職して無職になった自分が大金を支払ったという理由も、行動するエネルギーになったのです。毎週火曜日と金曜日の夜は、授業があったのでその日は必ず学校に行っていました。お金を使うことで勉強する仕組みを作ったのです。

何でもお金をかけろと言いたいのではありません。

とはいえ、先延ばし癖のある人はお金をかけてでも、そのことに取り組んでみる。お金をかけて先延ばししないで済むなら安いものです。

また、お金をかけた分、正しい方法で筋トレができたり、自分で調べなくてもダイエットメニューを組んでもらえたりする。最高の教材や勉強法にありつける。一人でずっと取り組んでいたら絶対に気づかなかった効果の高い知見や方法に出会え、お金をかけたことで高い成果が生まれ、一石何鳥にもなっているのです。

**先延ばししてしまう人は、お金をかけて取り組んでみてください。**

# 午前中は最低2時間、社内外の連絡を一切断ち切る

会社に着くと、上司から重要でもない話で呼び止められ、部下からは質問攻め。コーヒーを入れに給湯室に行くと、他の部署の同期がいたので喫煙室へ。タバコを吸いながらお互いの上司の悪口に花を咲かせて、気づいたときには10時半。席に着くなりメールのチェック。膨大な迷惑メールを削除している間に営業の電話。電話を切ると来客の応対。昼休みのチャイムがなって、今日も朝からバタバタ忙しかったと振り返りながら午前中が終わっていく。

この人の、午前中の行動、「生産性の高い仕事」をしていた時間は何分あったでしょうか？　もう一度読み返してみてください。

その後、昼休みには同僚たちとランチに出かけ、20分並び、20分でラーメンを食べ終え、20分休憩したのち、13時ギリギリに着席。

仕事に集中しようとしても、昼に食べた炭水化物を消化するために頭に血が回らず、眠気に襲われ集中できない。結局午後も「生産性の高い仕事」ができずに終わってしまうのです。

午前中は、集中力が高まる時間帯といわれています。逆にランチ後は集中力が低くなる時間帯。さらに集中力は時間の経過とともに切れていきます。

**重要な仕事を先延ばししてしまう人の特徴は、午前中の集中すべき時間帯を生産性の低い作業をしながらダラダラと過ごし、集中力が下がる午後から集中しようとすること**です。

午後からは眠気に襲われ、**本格的にエンジンがかかるのが定時近くからなので、いつも残業するハメになります。しかも毎日遅くまで働いているので体力的にもきつくなり、帰宅後、夜遅くに食べる食事で胃はもたれ、慢性的な寝不足状態。次の日出社しても覇気がない。まさに負のスパイラルに陥る**ことになるのです。

以前勤めていた会社では、恥ずかしながら私もまさにこのような状況が続いていました。とにかく話好きが周りに多く、仕事を本格始動するのは11時過ぎてからでした。では11時から集中しているかというと、答えはNo。その職場の昼休みは、11時半からなので、せいぜいスケジュールのチェックをし、資料の確認をするぐらいで午前中は終了。昼休みにはリーダーがぞろぞろと部下を引き連れて定食屋に行き、私も含めてダラダラと過ごしていたことを覚えています。

一方、今の会社では、チーム全員が先延ばししないために、午前中に優先順位の高い仕事に取り組むことに決めています。優先順位の高い仕事をさっさと終わらせておけば、緊急じゃなく重要でもない仕事が残っていきます。それらの仕事は、定時を過ぎてまでやる必要はありません。このように午後に余裕を残すことで、残業に持ち込まなくて済むのです。

と、少しエラソーに言っているかもしれませんが、午前中に集中するといっても、実は最初はなかなか集中することができませんでした。

仕事を始めて10分、だんだん波に乗って集中力が高まってきた瞬間、「石川さん、電話です」……集中ゾーンから、一気に現実世界に引き戻されます。しつこいセールス電話を切って、再び集中ゾーンに入っていくと、メールの着信音。パソコンを開くとついネットサーフィンをしてしまう。再び集中しようと気合を入れ直したら、部下からの質問。

せっかく集中して仕事をしようとしても、集中できる環境になっていません。

集中力をそがれる原因は大きく分けて2つ。内部と外部からの連絡です。どれだけ気合を入れて仕事をしても、その原因を排除しなければ集中することができません。

そこで、**午前中の2時間を「ガムシャラタイム」と名づけ、個々人が優先順位の高い仕事に集中できる環境を作り出しました。**

電話については、昼休みに電話当番がいるように、**午前中も電話に出る、来客応対をする人を当番制で決めておきます。**もし電話が掛かってきても、重要ではない案件なら後回しにしてもらいます。

メールは見ず、LINEなども見ないように最低でも着信音はオフにして、内外からの連絡を遮断します。もし緊急で重要な連絡なら電話をかけてくるので大丈夫です。2時間ぐらい連絡が取れないことが心配なのではなく、2時間ぐらい集中できない環境のほうが心配なのです。

内部からの声掛けを防ぐため、事前に同僚や部下と綿密な打ち合わせをしておきます。**集中している時間帯に声を掛けられることが問題なので、まとめて事前に質問事項や疑問点を解決しておくことが重要**なのです。

2時間も質問せずに仕事をする力がない新入社員や新人もいます。そのときは、30分間隔で質問を受ける。もしくは「一緒にガムシャラタイム」として、指示をしながら一緒に仕事をする。文字通り自分の右腕のように働いてくれるので、集中力が削がれることもないのです。新人はマンツーマンの徹底指導を受けるので、戦力にもなってくれます。

かなり重要な仕事をしたいときは、空いているなら会議室や応接室を使って仕事をする。また、前述したように喫茶店やファミレス、コワーキングスペースなどで集中するのも1つの方法です。

このように集中する仕組みを作り出すことで、午前中の時間帯にガムシャラに仕事を片づけ、すぐやる技術を磨き、先延ばししていることを一気に終わらせましょう。

## これは「すぐやる」はダメ！部下をすぐに集合させる

会社組織は大きくなればなるほど、報連相（ホウレンソウ）を行なう機会が増えていきます。報連相は、私が新卒で入社した30年以上前から言われているコミュニケーションの基本です。「報告」「連絡」「相談」を徹底することで、仕事は円滑に進み、トラブルを未然に防ぐ効果があります。これらのコミュニケーションが活発になると、上司や先輩は、部下や後輩を集める機会も増えてきます。

そこで、やってはいけないことは、「すぐに集合させること」。すぐに集合させるということは、「すぐ動くこと」につながるので良いのではないかと思うかもしれません。確かに集合させる側は、自分のタイミングで呼び、指示したいことを伝えられるので、自分の仕事は円滑に進み、その分仕事も早く終わります。つまり、すぐ動くことができ、先延ばししないで、自分のタイミングで仕事をすることができるのです。

しかし、チーム全体としてはどうでしょうか。部下や後輩たちは、何もしないでボーっと待っているわけではありません。「よっ！　待っていました、リーダ～」と、笑顔で駆け寄って輪になるわけでもありません。

呼ばれた側だって、仕事をしている最中です。**上司や先輩に呼ばれたら、いくら大事な仕事だろうと、集中していても、それらの仕事を途中で投げ出しても集まらなければなりません。**

話が終わったあとにデスクに戻って仕事の続きをしようと思っても、さかのぼらなければなりません。最悪、最初からやり直す羽目にも……。すぐ動くどころかやる気をなくし、その日の仕事のリズムが狂うかもしれません。

ミシガン州立大学のアルトマン氏らは、作業が2・8秒中断されるとミスの発生率が2倍になり、4・4秒中断されると4倍になるという研究結果を伝えています。チーム全体の成果を考えると、いかに社員の集中力を中断させない環境を作るかが重要なのです。

以前の上司は、ことあるごとに部下を呼び、私も1時間に4、5回は話しかけられました。そのたびに、集中力が切れ、リズムに乗ることができず、やっていた仕事が先延ばしになり、ストレスとミスが増えていきました。私が以前の会社を辞めたのは、大げさではなく、この多すぎる声掛けと突然の集合も大きな原因の1つだったくらいです。

ではどうするのか？ **すぐに集合させないで、「5分後に集まって」とか「10時になったら集合ね」というように予告をすることで、時間にゆとりを持たせる**のです。

そうすることで、社員はできる限りキリの良いところまで仕事をしてから集まることができます。さらに5分後だったら、その期限までにここまでは終わらせようと、集合時間までに集中して仕事をすることもできるので一石二鳥です。

もちろん、事故が起こった、火災発生中など緊急連絡は別ですが、ふだん部下や後輩をすぐ呼んでしまう人は、少しでいいのでゆとりを持って呼ぶようにしましょう。**チームの動きをストップさせずに、チーム全体としての仕事は早く進みます。**

**「すぐに集合させない」と同時にやってもらいたいのは、「すぐに解放する」こと**です。

知人の会社は、営業部長が代わってから売り上げが伸び悩んでいました。自社商品がなぜ売れないのか？ 社内では連日、朝から何時間も会議が行なわれていました。

知人は、「こんな会議をやっている暇があったら、外に出て1つでも商品を売ったほうがマシだ」と内心思っていました。しかし、強面の営業部長に不平を口にすることはできません。

「なぜ売れないんだ!」「なぜ顧客がつかないんだ!」と朝から絶叫する部長のせいで、お客様のところに出向けないというジレンマ。一刻も早くミーティングを終わらせて、売り込みに専念したい。それができないから売れないのに……。

『決定版 ランチェスター戦略がマンガで3時間でマスターできる本』(田岡佳子著/明日香出版社)に、営業マンの時間管理について書かれた箇所があります。要約すると、「営業マンの得意先における滞在時間を多くすることが販売実績を上げることにつながる。しかし、平均労働時間に占める滞在時間の比率は、30%にすら満たない(アメリカの目標数値は50%)。営業はお客様のところに行き成約を取ってくるのが本来の仕事。しかし、その仕事の比率がたった30%しかない。日本の会社組織では、社内業務や日報作成、打ち合わせが長すぎて、いつまでも訪問先に向かえない」。この書籍では、営業マンが訪問先にいち早く向かえる仕組みを作る必要があると、日本の時間管理の問題を指摘しています。

会議やミーティングに長い時間拘束することは、その分だけ組織にとってマイナスです。そのことを理解し、社員をすぐに外に出す仕組みを作る必要があります。

また、売れない理由を考えても分からない場合があります。商品を買わない理由は、買わない人が一番よく知っています。営業社員は何度も顧客のところに足を運び、その理由を探る必要があります。つまり、**行動から原因をつかむことができる**のです。ダラダラ会議や目的を失った会議は、その時間を奪います。

商品が売れない理由の一因を、会社自らが作っているかもしれない。営業社員は、すぐに動きたく、先延ばししたくないのに、長い拘束時間によって動けないでいるのです。

# 第3章

# 「すぐやる人」になるための日々の習慣

# 優先順位の高い仕事から、やってはいけない

今日という日は、二度と戻ってくることはありません。「『今日』という日は『明日』が来ると『昨日』になる」。『奇跡の仕事術』カール・P・ワージー著（生産性出版）に書かれている私の大好きな言葉です。だからこそ、後悔のない1日を過ごしたい。

そのためには優先順位の高い仕事から始め、次々とタスクを終わらせ、意味のない残業はしないで帰り、充実した時間を楽しみたい。そう考える方が大半でしょう。

ただ分かっていても、**思い通りには進みません。なぜなら、優先順位の高い仕事は、面倒な仕事、大変な仕事、難易度の高い仕事が多く、頭でやらなければと考えるだけで嫌になり、すぐやることができなくなるから**です。そして今日も先延ばし。それどころか、頭の片隅にある優先順位の高い仕事が気になって、**他の仕事にも身が入らず、リズムが崩れ、今日1日の仕事全体のパフォーマンスまで落ちてしまうのです。**

早起きして勉強しようと考えているときも、同じ現象は起こります。私が税理士試験の勉強をしていたときのことです。優先順位の高い過去問から解こうと試みる。しかし、起きた

ばかりで頭は回らない。過去に出題された本試験の問題なので難易度も高く、何を問われているのかも理解できない。難解すぎて、考えているうちに嫌になり、布団に戻って二度寝をするはめになるのです。せっかく早起きしたのに、二度寝して出社準備ギリギリまで寝て、朝のゴールデンタイムを失ってしまう。まさに本末転倒。

そんな経験を繰り返し、私は「間違いノート」を5分間見直し、目が覚めてから、難易度の高い問題を解くことにしたのです。間違いノートは、何度も見返しているので、難しくありません。すっと頭に入ってきて、その間に目も覚めてきます。

スポーツでも、いきなり全力で100メートルをダッシュしたり、重たいバーベルを持ち上げたりはしません。急に動くとケガのもとですし、身体が悲鳴をあげてしまいます。まずはストレッチやウォーミングアップをして、体を伸ばしたり温めたりしてから、本格的なプレーに入ります。

仕事も同じです。締め切りが迫っているときや、気合の入っている日は別ですが、通常は優先順位の高い仕事からやろうと思っても、なかなか動けません。そこで**ウォーミングアップから始める**のです。

スケジュールを確認して今日1日の構想を練ったり、メールやチャットの確認をして返信したり、株価動向や同業他社の関連ニュースを業界新聞で読んだり、軽めの作業をしたりしてから優先順位の高い仕事に取り掛かるのです。

軽めの作業をしているうちにエンジンがかかり、動けるようになります。動き出したら、こっちのもの。止まっている車を動かすのは大変ですが、動き出せばあとは楽です。動いているから動き続けられるのです。

大変なエネルギーのいる初動に、重たい仕事を持ってきても動かせません。軽めの作業で、まずは動き出しましょう。

一点だけ注意するのは、**軽めの作業には期限を決めておく**ことです。期限がないとブログを読んだり、関連のニュースを見たりしているうちに気づいたらネットサーフィンをしてしまう事態になりかねません。軽めの作業は10分や15分と期限を決め、時間がきたら優先順位の高い仕事にシフトチェンジしていきましょう。

## 完璧主義を完璧にやめる

「神は細部に宿る」。近代建築の三大巨匠といわれるミース・ファン・デル・ローエ氏の言葉です。「細部にまで気を配り、こだわって作った芸術品こそ、神の命を宿したかのごとく素晴らしい」という意味です。

確かに私も建設会社の社員なので、工事は完璧に仕上げることを目指しています。きれい事だけで言っているのではなく、悪い噂はすぐ伝わるので手抜きをしては信用問題にかかわります。今後の受注にも影響するので、完璧な仕上がりを追究するのです。

芸術作品、オーダー商品、建築物などは、完璧さを求めて作り上げることに異論はありません。

しかし、**内部資料や提出前の企画書などは、完璧を目指さないことも必要**です。そういうと聞こえが悪いですが、完璧主義だといつまでも仕事が終わりません。やる気のあるビジネスパーソンに限って、その罠に陥っています。

**社内文書などは、時間をかけて100点満点を目指すよりも、70点の出来でよいので、スピードを上げることが先決**です。パッと見て伝わればいいレベルのものも割と多いので、そこは時間をかけるべきではないのです。

例えば、会議に使う内部資料の作成を部下に依頼した場合。すぐに持って来ると思ったのに、なかなか持って来ない。経験値が自分よりも少ない部下でも1時間もかからないような資料なのに、2時間経ってもいっこうに連絡がない。何かトラブルがあったのかと心配になり、部下のもとに。進み具合を聞いてみると、「あと1時間くらいで完成します」とのこと。不思議に思い状況を聞くと、百万円単位でもよかったのに1円単位まで裏を取って計算している、エクセルで棒グラフを作って丁寧に色づけしている、詳細な資料をネットで検索してプリントアウトしている。ちゃんと説明しなかった自分も悪いのですが、まさか、そこまで完璧なものを作っていたとは思いもしませんでした。

笑い話のようですが、**一流大学を卒業した社員ほど、子どものころから常に100点満点でなければいけないと叩き込まれて育ったせいか、そんな完璧主義の落とし穴に落ちてしまうことが本当にある**のです。

これは、一部上場の某建設会社の専務に聞いた話です。「当社の新入社員は有名大学卒が多く、勉強熱心で知識も豊富。しかし、私が何度、『提出書類は、完璧よりもスピード重視だ。60点の出来でもいいから、もっと早く提出しなさい』と言って聞かせても、完璧を目指してなかなか提出してこない。子どものころからの完璧主義が根深く染みついていて、この癖は30代になるまで続くんですよ」。

私は、一流大学出身ではありませんが、「社会人になったら、役員になりたい！」と野望に燃えていました。そのため、新人時代は、「与えられた仕事は、細部の細部まで完璧に仕上げよう」と決めていたのです。

ある日、広報部門から社内報に掲載する原稿の執筆と、写真を切り貼りする仕事を依頼されました。私は、例によって完璧な仕事を目指し、1日がかりで作業をしていました。

すると、どうなったか？　経理担当者の先輩から、「お前は、そんな1円にもならない仕事にいったい何時間かけているんだよ？　お前がグズグズしているから、いつまでも他の仕事を頼めないじゃないか」と、怒鳴られたのです。

今なら先輩の言葉の意味がよく分かります。しかし、当時はショックでした。私にとっては、完璧こそすべてだと信じていて、完璧こそ評価されると思っていたので、怒られた理由も分からなかったのです。

仕事に燃えている社員に限って、時間を重視しないで、完璧に仕上げようと努力してしまうもの。しかし、不必要な完璧を目指して時間をかけすぎるのは、ただのムダです。さらにいえば、**時間をかけて作ったものの方向性が間違っていて、やり直しになったらとんでもないタイムロスになってしまいます。**

**完成度に不安があれば、途中の段階で「ホウレンソウ（報告・連絡・相談）」をすること**

**で、やりすぎも、やり間違いも防げます。学校のテストの答案と違い、会社の答案（書類）は、何度提出してもいい**のです。

**仕事の成果とは、「完成度×時間効率」**です。どれだけ完璧に仕上げても、残業してまでいいものを作っていてはコスト増になります。

メールのやり取りも同じです。すぐに返事がほしい相手に対して、完璧を求めるあまり、時間をかけて返信文を作成するのは時間のムダです。完璧な返信を目指して返信が期限後になってしまったら、本末転倒です。

ところで社長に送るメール、親友に送るＬＩＮＥ、どちらが早く送れますか？　明らかに、親友のほうが早く送れますよね。最初から完璧さを求めていないからです。完璧を求めたら、最初の一歩が踏み出せません。日時、場所、趣旨に漏れがないか、正しい敬語を使っているか、完璧さを求めると時間がかかります。親友とのやり取りなら、「来週14日19時　駅前の居酒屋ナツ太郎集合」、「りょ（了解）」で済んでしまいます。

本業が忙しくて、膨大なメールをさばききれずに、返信が後回しになることもあるかもしれません。しかし、先方にとって、そんなことはあなたの都合でしかありません。

だったら、**多少手抜きでもよいので、とりあえず返信だけはする。**メールは、一度送ったらそれっきりではありません。**メールもテストの答案とは違うのです。何度も送り直すことができます。**そう考えて、完璧よりもスピード重視で返信することが大切です。それが結果として、「返信前のメール」がたまることを防ぎ、メールに仕事を邪魔されることを防ぐのです。これが、他の「すぐやる」をスムーズにしてくれもします。

完璧に仕上げようと思った瞬間、最初の一歩が踏み出せないことが問題です。だからこそ適当でいいという感覚で、まず動く。まず着手する。

フェイスブックの創業者で現Metaの会長兼CEOであるマーク・ザッカーバーグ氏は、**「完璧を目指すより、まず終わらせろ」**と言っています。完璧を目指すと1つずつの仕事に時間を取られ生産性が落ちてしまいます。まず完了させて、その上で完璧を目指す。

フェイスブックもリリース後に何度もアップデート、新デザイン、ヴァージョンアップを繰り返しています。最初から完璧ではないのです。

完璧を目指さず、完了を目指し、ヴァージョンアップを繰り返すことが、早くしかも結果的に完璧に近づけられるコツなのです。

完璧に仕上げようと時間をかける。完璧を求めて動けない。どちらの完璧も、〝完璧に〟捨て去る必要があります。

# 情報番組を観るぐらいなら、お笑いを観る

さてあなたは、朝時間をどのくらい活用できていますか？　朝を有意義に過ごし、良き1日のスタートを切るために、出勤や登校の前にやってはいけないことがあります。

それは、テレビの情報番組を観ること。朝の情報番組は、殺人、傷害、いじめ、自殺、虐《ぎゃく》待《たい》、災害、事故、戦争など、ネガティブな情報で溢《あふ》れかえっています。ネガティブな情報を浴び続けるとどうなるか。その影響を受けて、こちらまでネガティブになってしまいます。

朝からネガティブな情報のシャワーを浴びても、良いことは1ミリもありません。**出社しても快活に振る舞えず、「すぐやる」瞬発力は鈍り、仕事や勉強のスピードも落ちることでしょう。**

以前に読んだネット記事で、腑《ふ》に落ちた話があります。うろ覚えですが、趣旨は次のような話です。

男性が、知人からこう言われます。「大変です!!　あなたのお子さん、トラに襲われまし

たよ……」。もちろん、そんな話を信じるわけもなく、男性は答えます。「まさか、そんなことがこの日本で起こるわけがないじゃないですか！　ハハハ！」

その後、別の人が男性に言います。「聞いてます？　おたくの息子さんにトラが襲い掛かってますよ!!」。「えっ？　まさかぁ」と答える男性。

そうこうするうちに、3人目の人がやってきて、こう言います。「お宅の長男が、ト、トラに襲われてました……」。最初は笑っていた男性も、3人に続けて同じことを言われると、「もしかして本当に？」と、少しずつ信じてしまい、不安になる。そんな話でした。

つまり、どんなに信じられないような情報でも、3度聞くと信じてしまうという話です。

これが3度どころか、**毎朝毎朝ネガティブな情報のシャワーを情報番組から浴び続けていたら、いつしかそのネガティブな情報を受け入れ、信じてしまうのです。そして、物事をネガティブに捉える癖がついてしまいます。**

心の持ち方がネガティブなものに変化していかないようにする工夫が必要です。朝の情報番組は絶対に観ない。ネガティブ情報が溢れているテレビはリビングに置かない。

私の知人の女性は、一人暮らしを始めた学生時代から、ずっとテレビを持たない生活をしていました。その後、コンサルタントとして起業し、結婚した今も、テレビ番組はパソコンで自分が観たいものだけを選ぶようにしているそうです。

ただし、家族がいてリビングにテレビを置かないのは無理な家庭もあるでしょう。そんな場合は、朝だけテレビをつけないと家族で決め、ネガティブな情報番組との縁を切るようにしましょう。

**朝の情報番組を観るくらいなら、お笑い番組をお勧めします。**もちろん、朝から放送している確率は低いので、**録りためた深夜番組や動画配信サービスで視聴します。**

私も家では、子どもたちもお笑い番組が大好きなのでよく一緒に観ています。朝から家族一同で大爆笑。1日を笑いからスタートする。そんな素敵な時間を過ごすことだってできます。

福島県立医科大学の大平哲也氏は「笑わない人は、ほぼ毎日笑っている人と比べて、2倍以上も認知機能が低下する」とおっしゃっています。

イギリスのウォーリック大学のオズワルド氏らの研究でも、「コメディ映像を観るグループ」と「観ないグループ」とで、5つの2桁の数字の合計を求める計算をさせると、観たグループのほうがパフォーマンスは高くなるとの研究結果を報告しています。

**笑いはストレスを解消し、免疫力を高め、心身ともに健康にさせる効果がある**のです。

アメリカにおける幸福研究の権威、エド・ディーナー氏は、「幸福度の高い人はそうでない人に比べて創造性は3倍、生産性は31％、売上げは37％も高い傾向にある」と発表しています。

**ワンランク上を目指すなら、テレビを観る代わりに、自分の現在と未来に影響を及ぼすことを毎朝する時間に変えてしまいましょう。**

あなたが、英語やフランス語など語学の勉強をしているのなら、語学のCDを聴く。経営学や会計の資格を勉強しているなら、それらに関連するDVDを観る。その他、自己啓発系のYouTubeやビジネスコンテンツのオーディオブック、Clubhouseの超人気番組でビジネス書を読み聞かせする『耳ビジ』を聞いて勉強するなど、いくらでも学びのチャンスはあるのです。

1日の始まりを情報番組に邪魔されるなんてもったいない！

繰り返しますが、朝の情報番組は、事件、事故、災害など、ネガティブ情報の宝庫です。事の顛末《てんまつ》を「続きはCMのあとで」とコマーシャルまたぎされるのもストレスになります。

**必要な情報は、ネットのヘッドラインを観るだけで十分。**仮に重大なニュースがあれば、同僚や家族から伝わってくるものです。

情報番組を見なければ、朝時間は長く感じられます。3日も経てば習慣になり、ネガティブな朝から解放されます。その時間を、自分の現在と未来に好影響を及ぼすことを毎日やり続ける時間にしてみてください。

## マルチタスク神話に騙《だま》されるな。シングルタスクでさっさと終わらせる

マルチタスクとは、2つ以上の作業を同時進行で行なう能力や方法のことです。

私は建設会社の総務経理をはじめ、9つの肩書で仕事を主に回しています。多くの人にマルチ人間、もしくはマルチタスクが得意だと思われています。しかし、**マルチ人間とマルチタスクは違います**。確かにマルチに活動しているのでマルチ人間ですが、実は私、**マルチタスクは苦手です。苦手というよりできません。**

テレビでサッカー観戦をしているときは声をかけられても聞こえません。小説の主人公に感情移入をしてしまえば、飲み物も飲まずに読みふけります。

仕事も例外ではありません。ラジオが流れているだけで、集中できません。建設会社の請

求書を確認しながらセミナーで使う資料を読み、書類整理をしながら税務の顧問先と打ち合わせをすることなんて、もちろん不可能です。

建設の仕事を残業せずに5時で終わらせる。退社後、セミナー会場に向かう電車で資料を読む。セミナー会場についたら講義をする。仕事を1つずつ終わらせているからこそ、次の仕事ができる。**一点に集中する超シングルタスク人間なのです。**

**人間はそもそもシングルタスクに適応しています。同時に複数の仕事をこなすと脳が疲れやすくなり、生産性は40%低下し、注意が散漫になりミスは50%増え、タスクを終える時間も50%増加するという研究結果もあります。**

私も、マルチタスクは幻想だと思っています。例えば、バナナと電車を同時に思い浮かべてください。電車の座席にバナナを置いている風景は想像できても、お互いが離れた場所にあるところを、同時に思い浮かべることは難しいですよね。

もっと分かりやすい例でいうと、好きな曲を思い浮かべながら、嫌いな曲を歌ってみてください……無理ですよね。

企画書を作成しながら顔も上げずに部下の話を聞く人がいます。これはあくまで同時進行ではなく、瞬時に脳の切り替えをしているだけなのです。企画書作成➡部下の話➡企画書作成➡部下の話と、高速で脳のスイッチを切り替えています。でもそういう人に限って後日、「そんな話、私は聞いていない！」なんて、部下に言い出すのです。脳ってよっぽどの天才でない限り、そんなに器用に動きませんから。

この場合はどうすればいいのかというと、企画書を作成している手を止め、部下の目を見て話をじっくり聴き終えたら、企画書の作成に集中する。または、「あと10分後」とか「15時になったら」と部下に待ってもらい企画書をキリの良いところまで終わらせてから、部下の話に集中する。これが正解です。激務であればあるほど、シングルタスクで対応するのが有効です。

また、目の前にある仕事以外に、思い浮かんだ仕事や、閃《ひらめ》いたアイデアを頭の中に留めておくと、目の前の仕事➡次の仕事➡目の前の仕事➡アイデア➡目の前の仕事……とマルチタスクになってしまいます。こんなときは**頭に浮かんだことはノートに書くなりして、頭の中から追い払ってください。**

ただし、すべてのマルチタスクが悪いわけではありません。2つのことを同時に実行できる場合もあります。

ジムに行ってエアロバイクに乗りながら、ビジネス系のＹｏｕＴｕｂｅを観る。歯を磨きながら、興味のあるセミナー講師のオンライン授業を視聴する。シャワーを浴びながら、今後の計画を立てる。散歩をしながら、仕事の段取りや書籍の企画を考える。そんなときは、マルチタスク、つまり同時に２つのことをやっています。

先ほどの例と違うところに気がつきましたか？　これらは、**「脳を使うこと」と「脳を使わないこと（身体のみ使うこと）」を同時にやっている**のです。

**脳と脳を同時に使うマルチタスクはダメですが、脳と身体は逆に記憶の定着につながるともいわれています。**

さらに**シングルタスクの効果は「やり切る力」を生み出します。この仕事が終わらないと次の仕事はしないと決めれば、難易度の高い仕事をしていても、途中でやめて他の仕事に移ることはできません。**

マルチタスクだと、この仕事は難易度が高いからと、無意識に難しい仕事を途中でやめて、簡単な仕事に移ってしまいます。マルチタスクで仕事をしている人は中途半端で、大事な仕事を終わらせていない場合も多いのです。

言い訳しないで目の前の仕事をすぐにやり切る。そのためには、シングルタスクで集中して、1つずつ確実に終わらせて成果を出すしかないのです。

## 気づかぬうちにやっている……。不測のマルチタスク思考を防ぐ方法

企画書を作成しながら、部下の話を聞く。電話応対をしながら、ファイリングをする。仕事関連のYouTubeを聴きながら、メールを読み、書類をシュレッダーにかける。

このような2つ以上の仕事を同時にするのは避けるべきといいましたが、複数の仕事のみならず他にも避けるべき同時進行があります。それは、**ネガティブ思考のまま仕事をすること**です。

目の前の仕事をやりながら、「なんで、あんなこと言ってしまったんだろう」「あのときのミスは防げたな」「勇気を出して実行しておけばよかった」など、いつまでもネガティブなことを繰り返し考えていると、「仕事↓マイナス思考↓仕事↓マイナス思考↓仕事」と**脳が瞬時にスイッチを切り替え続け、これも一種のマルチタスクとなり、仕事に集中することができません。**

**ネガティブ思考が頭を占領してきたら、行動しまくることで対処してください。仕事に余裕があるから、ネガティブな気持ちが頭を支配するのです。**

私のメンターの一人、元吉本興業の伝説のマネージャーであり現在は講演家として活動されている大谷由里子先生は、「苦しいとき、悲しいとき、辛いときは、とにかく予定を詰め込んで、ぎゅ〜ぎゅ〜にして動き回るに限る」と言っています。動き回っている間に、悩みも消し飛び、目の前のことだけに集中できるそうです。

もう一人のメンターで『学びを結果に変えるアウトプット大全』（サンクチュアリ出版）などのベストセラー作家、樺沢紫苑《かばさわしおん》氏はＹｏｕＴｕｂｅ『精神科医 樺沢紫苑の樺チャンネル』にて「すごく辛い時の過ごし方」というタイトルで、「まずあなたが、のんびりとソファで寝転がれる人なら大丈夫です。非常に健康です。自分の健康を喜んでください」といった前置きしてから、およそ以下のように対処法を伝えています。

「辛い状態の人は、ソファで寝転がってはいけない。何もしていないと、頭の中で不安を煽《あお》る部分の『偏桃体《へんとうたい》』が暴走して嫌な考えが次々と浮かんできます。それは、脳に危険を知らせる警報装置で、扁桃体が興奮している可能性があります。扁桃体が興奮すると不安が強くなり、さらに嫌なことを思い出す連鎖が起こってくるのです。では、扁桃体を鎮静化させるにはどうするか？　言い換えるとネガティブな感情を抑えるにはどうすればいいのか？　それには、五感を刺激するとよい。脳にいろいろな情報が入ると、扁桃体は他のところに注意がそれる。いろいろと情報処理をしなければならないので、1つのこと（ネガティブなこと）に注目できなくなる。だから**視覚、聴覚、嗅覚、味覚、触覚と五感をフル稼働させると扁桃体が鎮静しやすくなるので、とにかく動くことが重要**です」

私も以前、ネガティブ思考になったときは、何もしたくなくなり、ソファに横になっていました。しかし、眠ることもできず、横になりながら、ただ嫌なことを思い出すだけで逆効果でした。

両メンターの教えである「とにかく動く」を実践すると、目の前の仕事に集中でき、結果として嫌なことも思い出さずに乗り切ることができました。

樺沢氏は、このようにも言っています。

「不安になったときに『どうしよう、どうしよう』と慌てるのではなく、おまじないの言葉を決めておき『大丈夫！　大丈夫！　すぐ収まるさ！』と自分を励ますポジティブな言葉を言うだけでも、不安は収まってくる」

2人のメンターが同じ方法を提唱しています。ネガティブになって動けないときは、休むのではなく、目の前の仕事に集中して、どんどん動いて行動するのみ。**ネガティブなことを思い出せないぐらい動き回るのが特効薬**なのです。

## フセンを使わずノートに書く

やることを頭の中で考えているより、フセン（付箋）に書き出すほうが効果はあります。フセンに書いたタスクをノートに貼り、終わったら、そのフセンをノートから剥《は》がすのも達成感が満たされて良いでしょう。

ただし、パソコンの画面の両サイドにフセンを貼るのはお勧めできません。中には、画面が見えなくなるぐらいフセンをペタペタと貼っている人もいます。

なぜ、フセンでタスク管理をしてはいけないのか？　そこには、**4つのデメリット**があるからです。

1つ目は、**そのタスクに集中できない**こと。私は本書でも、何度も目の前の仕事に集中するという言葉を使っています。そして目の前の仕事に集中するためには、「机の上をきれいにする」「頭の中にあるやることをノートに書き出す」「ネガティブな気持ちを排除する」といったことは重要なので、文中に何度も出てきます。

フセンがパソコンの画面の両サイドに貼ってあると、ふと目線を上げたときに「あ、これやらなきゃダメだったんだ」という意識が生まれ、集中力が途切れてしまうのです。

2つ目は、ポスターのようになること。最初のデメリットと矛盾するようですが、毎回同じ場所に同じフセンが貼ってあると、脳科学的には、脳がフセンに慣れてしまい、**やらなくても気にならなくなる**そうです。最終的には、剥がれ落ちてしまい、年末の大掃除のときに黄色いフセンがパソコンのコードの上に落ちているなんてことになりかねません。どうしてもフセンを貼りたければ、毎朝貼り場所を変えて、「このタスクを今日やるんだ」と脳に認識させる必要があります。

3つ目は、**記録が残らない**こと。

**私は、やることをすべて1冊のノートに記入することで、タスク管理をしています。**ノートにタスクを書いていけば、**今日やるすべての仕事を「見える化」できます。**

その場合、ノートの左上に日付を記入しています。そうすることで、昨年の今ごろは何をやっていたか、過去のノートを見れば分かります。

「2年前は遅くに取り組んでいたけど、昨年はそれよりも早くに取り組むことができた。今回はもっと早く取り掛かろう」「この仕事は4日かかったから、今回は3日で終わらせよう」など、**以前の自分と競うこともできます。**育児日誌のように自分の成長も分かるのです。

**フセンだと、**やり終えたタスクはどうなるでしょう。**剥がされゴミ箱に捨てられ、記録に残りません。**その時期に何をやっていたのかが分からなくなります。

そして4つ目、これが最も重要ですが、**期限が分からない**ことです。フセンの大きさを考えたら、期限まで書くのは難しい。仮に書いていたとしても見づらく、全部のフセンを見渡すのも大変です。

**期限が人を集中させます。**期限が分からないのが最大のデメリットです。

すぐ動くためには、すべてのやることを見える化し、期限が分かるようにする。そのためにはノートでタスク管理をすることが最良の方法なのです。

私は、コクヨのB5のノートに、今日やる予定のタスクをすべて書き出しています。横罫線が35行あるので両開きにして70行分、70項目のタスクを書くことができます。1冊のノートにやることがすべて書いてあるので、優先順位の高い仕事、部下に任せる仕事、先延ばししていい仕事など一目瞭然です。ここに書いてあるタスクをすべて行なえば今日の仕事は終わるので、計画を立てて動き出すことができるのです。

## 目標に向けて「理由、期限、具体的数字」を用意する

せっかく夢に向かって動き出したのに、途中で挫折する人もいます。主な原因は、目標しかないからです。

例えば「やせたい！」というのは、目標でしかありません。ただ漠然とやせたいと思っているだけでは、お酒を飲みに誘われると簡単について行き、ストレスがたまるとラーメンに半ライスをつけ、ランチで友人がデザートを頼むと自分もつられて注文してしまいます。

「なんて自分は、意志が弱いんだろう……」と悲観する必要はありません。**意志が弱いのではなく、目標しかないのが原因だから**です。

「やせたい」という目標だけでなく「なぜ自分はやせたいのか」という**理由がセットにならないと、続きません。**もっと詳しくいえば、**「すぐやり続けられない」**ということです。

理由の例を出すと「好きな人と一緒に海に行くから、それまでに引き締まった身体になりたい！」「20年ぶりに同窓会があるから、若く見られたい」といったように、動機付けになれば何でも構いません。理由がなければ誘惑に負け、食事制限や運動をさぼってしまいます。

仮にやせたい理由が「健康診断でメタボリックシンドロームと判定され、その他の数値も年々悪くなっている。まだ小さい子どものためにも、健康を維持して頑張らなければならない」だとしましょう。

しかし実は、理由だけでは難しいのです。

以前、何かで「夢に日付をつけると予定になる」と聞きましたが、まさにその通り。**期限がないと夢は夢のままで終わってしまいます。**

やせたい、試験に合格したい、外資系の会社に転職したい、独立して経営者になりたい……、どれも「いつまでに」という期限がないと、それは夢のままなのです。夢を叶えるには、期限をつけなければなりません。

先の例なら、「来年の7月13日に行なわれる健康診断までに」というように、期限を決めます。期限は人を燃えさせます。そして、その期限までを具体的な数字も盛り込んで、計画を立てます。

7月13日の健康診断までに、残り8か月。最初の月は3kg、それ以降は1kgずつ落として10kgやせる。そのためには1日8000歩ウォーキングして、縄跳びは100回、腕立て伏せ30回。食事は1日2000kcal以内に抑えて、金曜日はヨガ教室に行く。

このように**具体的な数字に落とし込む。**夢を実現させるためには、目標、理由、期限、具体的数字がいずれも必要なのです。1つでも欠けていたら、せっかく動き出しても三日坊主で終わってしまう可能性があります。この4つがしっかり入っているか、ノートに書き出してみましょう。

私が税理士試験に合格したときは、この4つが揃っていました。

通っていた高校は、偏差値30程度の受験さえすれば全員が合格する高校。大学は名前さえ書けば受かる夜間の定時制、しかも留年……（どちらも当時です）。

そんな私でも就職できたのは、バブル景気の真っ只中だったからです。しかし、その会社は今でいうブラック企業。小さな建設会社で経理に配属された私は、簿記の知識がゼロだったため、叱られ、怒鳴られる日々を過ごしていました。

この建設会社は財閥系の子会社ですが、社長はもちろん、取締役は親会社からの出向でした。残りの役員も県や市や警察ＯＢの天下りです。

加えて古い時代の建設会社だったため、目に見えない序列があり、いや、正直、目に見えて序列がありました。現場が1番、営業が2番、積算、企画、広報と続いて、最下層に男性事務。

「誰のおかげで、飯が食えていると思っているんだ！」「事務部はいいよな〜。クーラーがあるところで仕事ができて」「現場は朝から晩まで働いているんだから、お前も朝から晩まで会社にいろよ」。様々な心ない罵声《ばせい》を浴び続けました。部署内でも怒鳴られ、プライドを散々傷つけられ、出世の道も閉ざされている三重苦の会社で毎日を過ごしていました。工事部長が紛失した携帯電話を2キロの道のりを歩いて探し回ったり、後輩で年下の現場担当者にお茶を入れ続ける毎日。

休日に上司の犬の世話をしていたとき、心の中で何かが壊れました。そして退職を決意。しかし、年功序列、終身雇用の時代。転職はまだまだネガティブなイメージがあり、独立しないと厳しい状況でした。

経理系の仕事で独立する方法といえば、税理士。税理士にならないと人生は終わる。そんな背水の陣で挑みました。税理士になって会社を退職し、人生を逆転させるという明確な目標が生まれたのです。

そして、「期限」を決め、「具体的数字」に落とし込む。来年の8月の税理士試験までに科目合格する。そのためには、月に問題集20ページ、過去問1回解き直し、模擬試験2回転など具体的な数字で計画を立て、偏差値30の全員合格の高校を卒業した私が、税理士試験に合格することができたのです。

目標、理由、期限、具体的数字が、あなたの夢を実現させます！　そして、この4つがあなたを動かす原動力になるのです。

## 大きすぎる目標なら、小さな目標ごとに期限を設定

前述の通り、ダメダメだった私でも無事に税理士試験に合格できました。成功要因の1つが、期限を設けたことでした。

**期限の設定もコツがあり、目標が大きい場合は前述の通りに小さな目標を設定する（P36）時点で、その小さな目標も期限をつける**ことにあります。

現在、講演のテーマとして「目標実現」でも講師をしていますが、目標の立て方を参加者に聞くと大きく2つに分かれます。

例えば、「会社を退職して起業する」目標の場合。8割の参加者は、「会社の仕事が落ち着いてから」「残業続きで忙しいので時間が空いたら」「子どもが大きくなったら」「10〜15年後、独立する力がついたら」「いつかは独立したいが、特にいつとは決めていない」と、このような答えが返ってきます。

一方、2割の参加者は、「3年後の4月に独立を目指しています。1年目で事業計画書、会計、経営学のセミナーに参加し、2年目から土日は独立したい業種と同じ会社で副業をして修業します。この3年間で人脈を増やし、貯金は300万円貯めます」。このように、目標実現のプロセスを語ります。

お互い、「独立したい目標」は、同じです。何が違うのでしょうか? 前者は、夢を見ながらも現状の忙しさを言い訳にし「いつか」時間ができたら動けるだろうと考えているだけです。「いつか」は必ず来ないのに……。後者は、「いつまでに」と期限を定め、それまでのプロセスを具体的に細分化して、何をやるか明確な目標を立てています。

**「いつか」は残念ながら、一生訪れることはありません。実現するのは「いつまでに」と期限を決めたことだけ**なのです。「いつか独立できるだろう」と漠然と思っているのは、夢を見ているだけの状態です。

「いつまでに独立する」と決めた瞬間、夢が目標になり動き出します。「3年後の今日、独立する」と決めた瞬間、じゃあそのためには、どうするのか？　3年後に独立するためには何をしなければならないのか？　未来を見据えて逆算していけば、ムダな1日を過ごすこともなくなります。

私の場合、「10年後に税理士事務所を開業して独立する」ことが最終目標でした。「でも、10年はさすがに長いんじゃないの？」、そう思う方もいるかもしれません。

しかし、**プロセスを細分化していたので、長くも遠くも感じませんでした。いえ、むしろ次々と目標を達成していくので、あっという間**でした。この期間までに、これを覚えて、これだけスキルアップをして、書籍を読み込んでと、計画を次々と実行できたのです。

まずは税理士試験に5年で合格する目標を立てました。税理士試験は5科目あり、5科目合格して資格取得になります。最初は働きながら勉強していたので、1年に1科目ずつ合格する計画を立てていました（その前に簿記の基礎である日商簿記の勉強もしていましたが）。

1年目は簿記論合格、2年目は財務諸表論合格、3年目は法人税……と計画を立て、さらに1年目の簿記論を月単位で何をやるか具体的な数字に落とし込み、計画表に書き出していきました。

勉強の計画と並行して月10万円、年2回の賞与で40万円ずつ、年間200万円貯金をして、

5年で1000万円を貯めて独立資金に充てようと考えていました。当時は、独身で全寮制、光熱費は無料、食事は寮で食べ、仕事着である作業服のクリーニング代も会社持ちだったため、切り詰めれば年間200万円を貯めるのは可能でした。とはいえ、10万円の他に税金や社会保険料を差し引かれるため、手元に残るお金はほんのわずかです。

同僚たちが高級クラブに飲みに出かけ、300万円以上する高級車（私は先輩の奥様から購入した税込み20万円の軽自動車）を乗り回しているのを横目で見ながら勉強できていたのは、夢を実現させる目的と計画があったからです。

10年という道のり、5年で資格を取得し、お金を貯め、大きな会計事務所と小さな個人事務所で修業をしたのちに独立する。

独立後の事務所は、大きな黒い机にアーロンチェア。オーダーメイドのスーツとワイシャツ。顧問先の経営者と応接室で自信満々に話をしている。そこへ細身で髪を茶系にカラーリングした女性従業員がお茶を出してくれる。社員は少数精鋭の5人。法人税をはじめ所得税、消費税、相続税、会計それぞれのエキスパートが揃っている。先ほどお茶を出してくれた女性は、ＩＴのプロ。ブラインドタッチで、どんどん入力業務を済ませていく。少し妄想を入れながらも、どんな人材とどのような組織を作っていくか、事務所の見取り図まで描き、こと細かに計画を立てていました（時代錯誤な部分もあるかもしれませんが）。

3か月や半年で達成するような小さな目標なら、その目標に向かって突き進んでも問題ありません。しかし、何年もかかる長期的な目標なら、最終的な目標を達成するための小さな目標を具体的に逆算して立てていくことが行動し続けるカギになります。

## 緊急でなくても、自分に自分の予定を組み込む

**実現できない目標には、共通点があります。**資格取得、転職、独立……どれにも共通しているのは、**その目標が実現しなくても現時点で困らないこと。**

なぜか？　**緊急性がないから**です。

人には日々、緊急なことが舞い込んできます。それらを優先的にやっていると、1日、1か月、1年が、それらのことに時間を費やして終わってしまいます。

緊急性の高いものが重要でもあるなら優先的に実行すべきです。しかし、重要でもないのに緊急というだけで、優先してしまいます。

緊急だけど重要ではない活動、例えば、飛び込み営業への対応、セールス電話とのやり取り、重要でもないメールへの返信、打ち合わせという名の雑談、テーマのない定例会議、部

下に任せられる仕事を抱え込む……。

これらは何もしていないよりタチが悪いのです。なぜなら、これらの活動をしていると、仕事をしている気になるから。仕事をしていると錯覚し、重要なことは何1つ終わっていないのに、時間だけが過ぎてしまう。罪悪感もないから、止まることを知らない。

そして残業までしてしまう。こうして資格取得、独立、転職などの緊急じゃないけれど重要なことが、いつまでもできないで一生を終える。

しかし、「緊急じゃないけれど重要なこと」にこそ、スキルアップのための資格取得、勝負をかけた独立、夢だった会社に転職するなどの人生を変える大切な行動があるのです。

例えば、司法書士になって独立したいとしましょう。これは人生を変える重要なことだけど、今のまま会社員として生活していけるなら、緊急性はありません。そのため、日々の緊急なことに時間を追われ、すぐ動くことができないのです。

そして、**人は今できなくても未来にはできると思ってしまう生き物**です。今は総務の仕事が忙しいから暇になったら、今は子どもがまだ小さく手がかかるから小学校に入学したら、今は小学校に入学した子どもがサッカー部に入って送り迎えで土日は忙しいから、今は親の介護で忙しいから落ち着いたら……何かが終わったその先の未来にはできると思い続け、気づいたときには、夢を諦めて人生が終わるのです。

ではどうするのか？

この**緊急じゃないけれど重要なことを、毎日やり続ける時間を決める**のです。この時間だけは他の予定は入れず、このことを必ずやると決めるのです。自分に自分の予定を入れる、ということになります。

社会保険労務士試験の合格を目指していた同僚は、火曜日と金曜日の夜は専門学校の講義を受けるために、絶対に残業しないと決め、集中して仕事を終わらせていました。昼休みは15分で食事を終え、残りの45分は必ず問題を解くと決めていました。朝は毎朝1時間早く起きて勉強をすると決めていました。そして2年間の勉強で、試験に合格。会社を辞め、社会保険労務士事務所に勤め、5年後に独立を果たしました。彼は、社会保険労務士の勉強を毎日やり続ける時間を決めていたのです。

独立を目指していた別の友人は、毎朝1冊マーケティングや経営学の書籍を読み、そこから1つ実践できるコンテンツを見つけ習慣にすることを決めていました。土曜日は独立したい職種と同じ会社で副業をしノウハウを身につけ、退社後はカフェで1時間勉強してから自宅に帰ることを決め、3年で独立しました。朝の読書、土曜日の副業、退社後の勉強を毎日やり続けると決めていたのです。

外資系の企業に転職したかった後輩は、毎朝1時間早起きして英語の勉強をしていました。通勤の行き帰りでは満員電車に片道1時間半揺られながら、音声アプリで英語を聴き続けました。会社の飲み会はすべて断り、その時間は外国人との交流会に参加することに。1年後、TOEICで900点以上とって、無事、第一志望の企業に転職できました。朝に勉強することと、通勤時は英語を聴くことを、毎日続けると決めていたのです。

どれだけ忙しくても決められた時間には、「緊急じゃないけれど重要なこと」をやり続ける。緊急な用事があっても、その時間は、やると決めたことをやり続ける。そうすることで、目標を達成したのです。

あなたの目標を実現する方法、それは毎日やり続ける時間を決めることなのです。

## 「2ダウン3アップ法」で挫折知らず

あなたも経験があると思います。夢に向かって計画を立てているときは、モチベーションが高くありませんか？

「これもやろう、あれもやろう」と燃えています。楽しく妄想するのは決して悪いことではありません。しかし、現実は甘くはないのです。

私の場合は先述の通り、5年で1000万円を貯める計画を立てたわけですが、最初の1、2年は切り詰めれば達成できていました。しかし、歳を重ねるごとに付き合いや後輩にご馳走する機会も増え、かなり厳しい状況に追い込まれます。**計画は、なかなか思う通りにはいかない**のです。

資格試験合格の計画を立てるときも、1か月で、問題集5冊、参考書3冊、過去問5年分、模擬試験3回転など、モチベーションが高いので、いろいろと盛り込もうとしてしまいます。最初の1、2か月は予定通りに進んでいたのに、いつしかペースダウンし、アクシデントもあり、計画倒れに終わります。

私が受講生のとき、合格請負人と異名をとっていたカリスマ講師に**「計画を立てているときのモチベーションを試験日まで持続できていれば、大抵の試験は合格できる」**と言われ、妙に納得したのを覚えています。

そうなんです。計画を立てている段階は、「絶対に合格する」という強い信念に加え、高揚感があります。しかし、そのモチベーションは徐々に薄れてきます。さらに、体調が悪い日や、突然の飲み会、予定外の仕事など、計画通りに進まないときもあります。

予定通りにいかない原因は、無理な計画にあるのに、自信を失い、守れない自分を責め、心が折れ、夢を諦めてしまうのです。せっかく動いた一歩が逆戻り。

**計画を立てるときの落とし穴……、それは盛り込みすぎ**にあるのです！

**そんな事態を避けるためにあるのが、「2ダウン3アップ法」**です。「2ダウン3アップ法」は、もともとは私の造語で、「2アップ3ダウン運動」からとっています。

この運動は、省エネのためにエレベーターを使わずに、上は2階まで（ツーアップ）、下は3階まで（スリーダウン）は階段を利用して、上り下りしようという運動です。東日本大震災後の電力不足が懸念されたころに勧められた運動ですが、私が働いている会社では今もこの運動を続けています。

勉強の計画に当てはめると「2ダウン」は、**一度立てた計画は2割削ってしまう**ことです。

私は、資格試験、ダイエットなどの計画を立てても、予定通りにいかない失敗を何度も繰り返してきました。そんな経験を踏まえ、当初に立てた計画を2割削れば、達成可能な計画になると学んだのです。心に余裕を持つことが、継続するコツでもあります。

ただし、ここからが重要です。

2割削った計画が計画通りに進んだからといって、そこで終わりにはしない。**できそうなときは、3割アップで実行する**のです。

これは、不測の事態に備える狙いもあります。突然の体調不良や飲み会、残業があるかもしれません。そこで計画から乖離しないためにも、3割アップの実行を心掛けて前倒しで進めるのです。

とはいっても、3割アップはあくまで究極の努力目標。達成できなくても、まったく気にしない。気にしてしまったら、2割削った意味もなくなります。2割ダウンで作った計画が終わったら、自分を褒めましょう。

しかし、それでも失敗することもあります。あなたの意思がどれほど強くても、まったく予期していない要因によって、計画が変更になることがあるからです。

家族が体調を崩してしまった、同僚が急に退職して仕事量が2倍になった、予定外のプロジェクトのメンバーになる、自分自身が風邪をひく……、様々な要因が考えられます。

自分のミスは別にしても、他の理由で計画を邪魔されるのは、気持ちの良いことではありません。思いっきり心が萎《な》えてしまいそうになります。

**不本意な形で計画を断念しないためにも、計画にある程度のバッファを持たせておきましょう。**バッファとは、「余裕」のことです。

その持たせ方は、難易度や目標実現までの期間の長さにもよります。6か月以上かかるような目標なら、1週間に1日。6か月以内の計画なら2週間に1日とか、1週間に半日などでもいいでしょう。

例えば、日曜日は子どもと遊ぶことや、パートナーから買い物を頼まれることが多いので、全休にする。土曜は午前中だけ勉強して、午後は予備にする。一方で休みを土日に設定するのなら、木曜日は夜に飲み会や接待が多いので、早朝と昼休みに勉強し、会社が終わったら完全オフにする。

あなたの状況に応じて、バッファを作ってみてください。そうすることで、外的要因に邪魔されても回復できます。バッファを使って乗り切ったら、ストレスもたまりません。

**バッファとして設けたときも、必ず休む必要はありません。**ガンガン進めて前倒しするもよし、丸1日予備日だったけど午前中は勉強して午後は映画に行くもよし。バッファがあることで、メリハリのある充実した時間を過ごすこともできます。

バッファのない計画だと、急に上司から誘われて飲みに行くことがストレスになります。試験に落ちたら上司を恨むかもしれません。同僚との飲み会に罪悪感を覚えます。

バッファで取り戻せるなら、こういった急な誘いや飲み会も、さらにはたまにダラダラ過ごしてしまっても、ストレス発散だと思えばマイナスに思うことはありません。おもいっきりリフレッシュできます。

計画が遅れているけど、もうすぐ予備日。予備日を使えば追いつける。バッファをそんなふうに活用するのも可能です。

失敗していたときの私は、1日単位で予定をガチガチに組んでいました。

3月12日（月）6時起床、シャワー、ストレッチ。6時20分、間違いノートチェック。6時25分、計算問題。6時55分、理論の勉強。7時20分、コーヒータイム。7時25分、オーディオブックを聴きながら出社準備……。13日（火）6時起床、ストレッチ。6時10分、間違いノートチェック……。

しかし、いつ急なアクシデントがあるか分かりません。未来のことは誰にも予測できないのです。このような予定の組み方をすると計画通りにいかずに、やり残しだけでなくストレスまで残ってしまいます。

1日単位で計画を立てると、今日中に終わらなかったときに睡眠時間を削って実行するか、諦めて寝るかの2択になり、どちらも嫌な気持ちになります。

**計画は1週間単位で作成**し、今日終わらなかったところや、どうしてもモチベーションが上がらずできなかったところは、明日早起きして頑張るなど調整しながら進めてみてください。もちろん、あなたを悩まし続けた三日坊主や挫折を防ぐバッファの設定も忘れずに。

私は、クラシックといえばベートーベンの『運命』しか知りませんが、私たちの『運命』を変えてくれる計画は、ベートーベンよりバッファによって決まるのです。

## トリプルデッドラインで、すぐやる、そしてすぐ終わる

期限は人を集中させます。

小説家、エッセイストの林真理子氏は著書『野心のすすめ』（講談社）で、「わたしは優秀な編集者と期限がなければ、本を書けなかった」というようなことをおっしゃっています。

私もまったく同感です。期限があるから本が書けるんです。仮に、8万字を超える原稿を

「期限なしに好きなときに提出してください」と言われたら、一生提出できないでしょう。現に4年前に、ある出版社から出版が決まりました。しかし、先方の編集者も次から次へと仕事がある人気編集者。私も他の仕事や出版が続いて、その企画についてはまったく動いていないのです。編集者とは1年に一度、ある会合でお会いするのですが、そのたびに「企画は社内で通っているのでお互い落ち着いたらやりましょう」「承知しました」という会話が、恒例行事の決まり文句になっています。1つだけ分かっているのは、期限を決めなければ永遠にこの企画は世に出ないということです。

期限が人を動かすのです。ただし、期限だけあっても、それだけでは問題があります。人は期限ギリギリにならなければ動かないからです。

小学校の夏休みの宿題。子どもたちはいつから始めるでしょうか？　私は2学期の3日前から、慌てて取り組んでいました。

高校の期末試験だと試験の前日。しかも部屋の大掃除をしてからなので、夜中の11時過ぎから始めていました。社会人になってもしばらくは、企画書や見積書に提出期限間際にやっと手をつけていました。

期限が人を動かすことは事実です。しかし、作家、コピーライターのひすいこたろう氏が

「あらゆる仕事は、なぜか締め切り直前に終わる」とおっしゃっているように、ギリギリにならないと動き出さないのです。

しかもギリギリだとミスも増え、ストレスもたまります。

どうせ、いつかはやらなければダメなのなら、早め早めに取り組みましょう。そのためには、**終わりの期限だけではなく、スタートの期限も決めてしまう。**

私はノートに今日1日やるタスクをすべて書き出しています。朝一番にそのノートを開き、やる順番を決めています。このタスクはいつから始めるかを決めてしまうのです。開始時間を決めてしまえば、すぐ動くことができます。終わりの期限ギリギリになってから、慌てて始めることにはなりません。

始まりと終わりの期限、**ダブルデッドライン**にするのです。

部下に仕事を指示するときも、終わりの期限とともに、重要な案件については、始める期限も打ち合わせします。そのときは、「○日から始めるように」と指示するのではなく、部下に「この仕事、いつからやる?」と聞き、本人に決めてもらうようにします。**「行動宣言効果」といって、人は言葉や文章で自分の考えを公言すると、その考えを最後まで守ろうとする傾向がある**からです。

始まりと終わりの期限、ダブルデッドラインは、先延ばしを防ぐためには重要です。しかし、まだまだそれで終わりではありません。**終わりの期限の前に、自分自身の終了期限を設定**します。

私は、講演会場に出向くとき、1時間前に会場近くのカフェに着いています。カフェに着くことが私自身の期限なのです。待ち合わせしているときも30分前に近くのカフェでアイスコーヒーを飲んでいます。そうすることで多少、交通機関に遅れがあっても会場入りや待ち合わせに間に合います。

また、早く到着することで30分、1時間と新たに期限が生まれます。この間に講演の予習や原稿執筆など、有意義に時間を使うことができるのです。

企画書や見積書は、提出期限の数時間前や前日に完成させます。**手直しがあったときに余裕ができるし、本来の提出期限よりも先に終わらせたことが一種の先手必勝のように、自分の中で優越感に浸ることができて自信につながったりして、それにより過剰な緊張が発生しない**のです。

先方との打ち合わせや面談の日時の回答も、約束の期限の2、3日前には済ませてしまいます。**いつ伝えても同じなら、一刻も早く伝えたほうが先方も他の予定を入れやすいし、信**

**用も生まれます。**

そして仕事の速い人と思われるのです。私が前倒しで連絡すると、「さすが時間管理の専門家」と褒《ほ》められます。**人は「他者から期待を受けると、その期待に応えようとしたくなる」という心理的な傾向があります（ピグマリオン効果）。**褒められると、ますます期待に応えようと効率的に時間を使うようになるのです。

書籍の原稿を遅れずに出版社に提出できるのも、出版社が決めた期限の前に自分自身の期限を設定しているから。建設会社での決算業務、地方へのセミナーと締切時期が重なっても、前倒しの期限を決めているので、終わりの期限には間に合うのです。

期限は人を集中させます。しかし、終わりの期限だけでは、いつもギリギリ。だからこそ、始まりの期限も決める。そして自分自身との約束、前倒しの期限も決めてしまう。**3つの期限、トリプルデッドラインで、すぐやる人になり、心に余裕も生まれる**のです。

# 「あおいくま」と「ゆでガエル」に学ぶ

社会人になって最初の年。2日間にわたり様々な講師陣によって新入社員研修が行なわれました。あれから30年以上経ちますが、今でもこの研修で覚えている話が2つあります。それは**「あおいくま」、そして「ゆでガエル」の話。**

「あおいくま」は、「あせるな！」「おこるな！」「いばるな！」「くさるな！」「まけるな！」の頭文字をとったもので、以下のような意味合いでした。

▼**あせるな（焦るな）**：同期は、高校、専門学校、大学から入社してきている。それぞれの能力も違うし、学んできた専門性も違う。だから周りは気にせず、「焦らずやっていけ！」という応援メッセージです。私も実際、同期の女性事務員が専門学校卒で、簿記の知識のみならず、マナー、パソコン、電卓、そろばん、ひと通りの知識を身につけてきていたので、大学で遊び回っていた自分（自業自得ですが）とは、かなりの差がありました。諸先輩から「石川は、○○さんに負けている」とよく言われていたので、この研修がなかった

ら、本当に焦っていたと思います。この言葉には救われました。

**▼おこるな（怒るな）**：取引先、特に元請けや得意先から理不尽な要求があるかもしれない。それに対して怒っていても仕方がない。自分の目的は何かを念頭に置いて接する。このメッセージによって、今でも「自分の目的は何か」を考えて行動するようになりました。例えば商談では、値引きしてもらうこと、契約してもらうことが目的です。相手の理不尽な要求に怒って言い負かしても意味はありません。言い負かして気持ちよくなるのではなく、値引きや契約などの目的を達成させる話し合いが必要なのです。

**▼いばるな（威張るな）**：社会に出るといろいろな人がいます。特にSNS、ネット関係、パワーポイントなどオフィス系ソフト、テレワークなどに弱い世代もいます。管理職になってからエクセルやワードが登場した世代は、自分でやる必要もなかったので不得手にしている人も多いでしょう。そのような人をつい見下してしまうこともあるので注意する。もちろん、その人たちはマネジメント能力や何かの専門的能力に秀でているところもあります。

**▼くさるな（腐るな）**：自信をなくさず前を向く。覚えることが多く、叱られることがあっても腐らない。能力は少しずつでも向上し、1年後には今できなかったことの大部分はできるようになっています。

**▼まけるな（負けるな）**：くじけそうになっても負けずに頑張れ！　何度もくじけそうになりましたが、そのたびに心の中で「負けるな！　負けるな！」とつぶやいていました。

「あおいくま」。この教えによって、**新入社員の右も左も分からないような自分も焦らず、怒らず、威張らず、腐らず、負けずに、すぐ動き続けることができた**のです。

そして、もう1つが、「ゆでガエル」の話。

冷たい水が入っている容器にカエルを入れ、その容器をとろ火で温めていきます。カエルは、水が温まっていくと気持ちがよくなり目をトロンとさせて水に浸かっています。しかし、最終的にはゆで上がってしまうのです。

このカエルのように、現状に甘んじて気持ちよさそうにボーっとしていると、最後はゆであがって自滅するという教えです。そこで現状を打破しなければならないのです。

友人で思考現実化コーチである横川裕之氏が共感できるメルマガを書いていたので、ここでご紹介します。

今日までの人生に満足していないのであれば、
今日作ってきた行動のパターンから抜け出すことです。

カラダや心は現状維持したがりますから
疲れやら体調不良やらを発症させ、僕たちをあきらめさせようとします。

それらに負けずに行動を続けていくことで
未来は確実に自分が思った方向へと変えていけるのです。
(2017年3月25日横川裕之氏のメルマガより)

現状を打破するためには、とにかく動く。キャリアアップのために、業界誌を読みまくる。昇進するために、マネジメントの勉強をする。スキルアップのために、資格試験に挑戦する。

自分磨きのために、セミナーに参加する。

こちらは本書のテーマである「すぐやる」とは直接結びつきませんが、動くことによってのみ、現状を打破することができる、つまりは**動いてナンボ**という教えでもあります。**このことも頭の片隅に置くことで、すぐやる動機付けにもなる**でしょう。

# 第4章

# どんなことも楽しくしてしまう「ゲーム感覚」を身につける

# エスカレーターよりも階段を使う。タイムを計る

歩くのが面倒だからと妻に駅まで車で送ってもらっていたのに、万歩計をつけた途端に最寄り駅まで歩いて通うようになった。さらにエスカレーターを使わず、階段を駆け上がるようになり、最終的には会社の最寄り駅の１つ前の駅で降り、会社まで歩いて通うようになった。

焼肉、寿司、ピザ、天丼、焼き鳥……満腹中枢に達するまで好きな物を食べ続けていたのに、食べた物を記録するレコーディングダイエットを始めた途端、品数も減り、腹八分に抑えるようになった。

大好きなラーメンを週2回は食べ、毎晩アルコールを飲んでから寝ていたのに、血圧を毎朝測るようになった途端、塩分を控え水分をとり運動もするようになった。

万歩計をつける、食べた物を書き出す、血圧を測る。記録して視覚化するというたったこれだけのことで、人は今まで実行できなかったことができるようになります。

ゴミで散らかっていた公園に、ゴミを捨てると「ゴォ〜〜ル！」と叫ぶゴミ箱を設置したらポイ捨てが激減し、公園がきれいになった。

階段を踏むとピアノの鍵盤《けんばん》のようにドレミの音が出るようにすると、エスカレーターやエレベーターを使わず、階段を上り下りする人が増え、消費電力を節約できた。

ゴミ箱にゴミを捨てることも、階段を上り下りすることも、変わったわけではありません。ちょっとした仕組みやアイデアで人は、自ら動けるようになるのです。

こうして**工夫次第で、つまらなかったり大変だったりすることも、楽しみに変えることができます。**

以上のような**ゲーム感覚を身につけると、自ら率先して、楽しく動けるようになります。**

万歩計も体重計も血圧計も毎日計測して、昨日の自分と勝負する。1か月でどんな状態になったかを比較する。健康になった自分、やせた自分、レベルアップした自分を喜ぶ。数字はウソをつかないので、客観的に判断もできて楽しいですよね。まさにゲームです！

何度言っても部屋の掃除をしない兄弟に、10分間の制限時間を与え、どちらがきれいに部屋を片づけるかを競わせると、すごい勢いで掃除を始めます。

高校時代に生鮮食料品を運ぶバイトをしていました。最初はつまらなくて辞めることばかり考えていましたが、バイト先の友人と、コーヒーを賭けてどちらが早く商品を運べるかを競っていたら楽しくなって続けることができました。

掃除をすることも生鮮食料品を運ぶことも変わりはありません。どちらも競い合うゲームに変えたのです。

『トム・ソーヤーの冒険』にペンキ塗りの話があります。トムはイタズラをした罰として、大きな壁にペンキを塗る作業を命じられます。私もペンキ塗りのバイトをしたことがあります。腰は痛くなるし、ペンキの匂いはキツイし、単純作業だし、大変です。

トムはどうしたか？　このペンキ塗りを、楽しそうに快活そうに振る舞いながら始めたのです。すると、冷やかしに来ていたはずの仲間たちが、われ先に「やりたい！　やりたい！」と言い出しました。

トムは、しぶしぶといった演技をして、リンゴやビー玉などと引き換えにペンキ塗りを交代します。なんとプレゼントまでもらって交代したのです。トムは仲間たちが楽しみながらペンキ塗りをしている姿を、寝転がって眺めるのでした。

ペンキ塗りという作業が変わったわけではありません。楽しそうに振る舞うことで、大変な作業を楽しいゲームに変えたのです。

仕事だって同様。私は、競争原理やゲーム感覚を利用して、私と部下、部下同士など、チームになって競い合いながら仕事を終わらせることがあります。

伝票整理とパソコンへの入力業務が同じぐらいのスピードであれば、**タイムを競い合います。**終わったあとは、お互いの仕事を交換し合いチェックをします。1つのミスで1分のタイムを加算するなど、仕事をゲームに変えるのです。嫌な仕事、大変な仕事ほどゲーム感覚で進めると、部下も満足だし、自分も楽しく仕事をすることができます。

**楽しい仕事があるわけではありません。仕事を楽しく変えるのです。**

ゲーム（仕事）は一人で楽しむこともできます。万歩計や体重計のように、仕事がどれだけ早く終わったか記録して昨日の自分と競ってみる。ワニワニパニックのように制限時間を設けてその時間まで、どれだけタスクが終わるか試してみる。難易度の高い仕事を最強のラスボスに見立てて倒していく。嫌な仕事は演技をしている感覚で楽しむ。

このように工夫次第で、つまらなかったり大変だったりする仕事も、楽しく変えることができます。

楽しいことをするときって、どうなるでしょう。自分から動きますよね？　こうして、すぐ動き出すことができるのです。

そして、時間を忘れて熱中します。先延ばししていた仕事を自ら進んでやるようになります。

## 勉強こそ「人生で最も楽しめるゲーム」だと知る

テーブル型ゲーム機のはしり、スペースインベーダーが流行ったのは、私が小学校6年生のときでした。シューティングゲーム（弾やレーザーを用いて敵を倒すことが目的のゲーム）の大ヒット作です。攻めてくるインベーダーを倒しつつ、上空を走るＵＦＯに狙いを定めて撃ち倒し、高得点を競うゲームでした。

燃えました。熱狂しました。楽しくて仕方がない。でも当時の1日のお小遣いは１１０円。2枚の硬貨を左手に握りしめ自転車に乗って近所の駄菓子屋さんへ。串にささった10円のスルメを食べ終えたら戦闘開始！　１００円をコイン投入口に入れ、ゲームのスタートです。

**1日1回だけの真剣勝負。**メキメキと上達し、私がプレイしているときは、たくさんのギャラリーが集まってきました。その駄菓子屋さんではいつもダントツ1位の高得点を叩き出していたのです。

兼好法師が鎌倉時代末期に書いた随筆『徒然草』に有名な一節があります。
「ある人、弓射ることを習ふに、諸矢をたばさみて、的に向かふ。師のいはく、『初心の人、二つの矢を持つことなかれ。後《のち》の矢を頼みて、初めの矢になほざりの心あり。毎度、ただ、得失なく、この一矢に定むべしと思へ。』と言ふ。わづかに二つの矢、師の前にて一つをおろかにせんと思はんや。懈怠《けたい》の心、みずから知らずといへども、師、これを知る。この戒め、万事にわたるべし。」

簡単に現代語訳をすると、次のようになります。「弓を習うときは、『初心者は二本の弓を持つな』と師匠は言った。二本持つと、二本目をあてにしてしまう。この一矢で命中させろ！　この戒めはすべてに通じる。」

確かに、お小遣いが毎日千円あって、何度もプレイできたら、それほど真剣にやらずにここまで上達しなかったでしょう。それと昔は録画ビデオのない時代。テレビで放映される映画は、次回いつ放送されるかも分からない。だから真剣に観ていました。一時停止も巻き戻しもできない真剣勝負。

一方、今の時代は好きなときに観ることができ、巻き戻しも早送りも一時停止も自由です。

便利になりましたが、今しか観られない緊張感がなくなり、面白さは半減しているのではないでしょうか?

勉強も同じです。受けた授業を録画したものを何度も視聴できるシステムだと、1回で真剣に観ない人が増えます。聞き漏らしたらもう一度観れば良いと思ってしまうからです。一本の矢のように1回だけ真剣に観て、空いた時間は問題集や過去問を繰り返し解く時間に充てることが合格への道なのです。**「今この1回しか観られない」と想定することで集中力はアップしますし、すぐやる動機付けにもなる**はずです。

**仕事全般も同じ**でしょう。**この1回で終わらせる!と決意したほうが、本当に1回で終わらせられたり、1回の質がグッと上がったりする**はずです。

ゲームが大好きだった私は、その後も『スーパーマリオブラザーズ』『ドラゴンクエスト』など他ジャンルのゲームでも最後までクリアしたり高得点を叩き出したりするほど熱中していきました。『テトリス』については半日ぶっ通しでプレイすることも何度かあり、今思えば自分でもあきれます。

何が言いたいのかというと、**ゲームはのめり込んでしまえば、ずっと続けられる**ということです。

このゲームにハマる流れは、勉強や仕事にも当てはめられるのです。

急に「勉強や仕事の話」と「ゲームの話」を同時に持ち込みましたが、この両者にはいったい何の関係性があるんだろうと思われたかもしれません。実は両者はよく似た要素を持っています。最終目的だけをとってみても、資格を取得するのも、難しい仕事を片づけるのも、ゲームでラスボスを倒すのと似たようなものだからです。

資格試験を例にしましょう。私はかつてあれほど熱狂していたテトリスをやめて、資格試験というゲームに参戦することに変えました。ゲームと資格試験の共通点はかなりあり、一部を挙げると以下の通りです。

▼何度もプレイして経験値を上げる⬇テキストを繰り返し読んで知識を増やす
▼旅に出てアイテムを獲得し力をつける⬇暗記や計算問題を解いて力をつける
▼雑魚キャラを倒していく⬇ミニテストや基本的問題を解いて正解していく
▼能力を上げ、次のステージへ⬇能力を上げ、基本問題から応用問題へ
▼ラスボスを倒してゲームをクリアする！⬇目標の試験に合格する！

しかも**ゲーム上で自分が操作するキャラクターの能力を上げるよりも、自分の能力を上げ**

**るほうが人生は何倍も楽しくなる上、仕事やプライベートで役に立つ。**バーチャルの世界からリアルの世界へ。**勉強は人生を賭けたゲーム**なのです。

勉強をゲームにする。またはゲーム感覚を取り入れることで、楽しくなります。楽しいことは、自ら進んですぐ行動に移せます。ゲームの要素を取り入れる方法は、次のようにいろいろとあります。

▼友人と暗記した箇所を順番に答えていく（古今東西ゲーム方式）
▼どちらが高い点数（ハイスコア）をとるか、テストで競う
▼自習室や図書館で勉強するときは、「この人が休憩するまでは自分も休まない」と勝手にアカの他人と勝負する
▼模試の点数で上位何％に入れるか、前回の自分と競う
▼数名の仲間とテストの順位を競う
▼「以前の問題は10分で終了。では、今回の問題は何分で解けるか？」タイムを競う
▼仲間と競っているときは、缶ジュースなど金銭的負担にならない賞品を賭け、一人で行なう場合は難易度に応じて、ご褒美のレベルを上げていく

資格を取得することで、専門性を養い、自信がつき、生きがいや自己啓発にもなる。知識

が増えることで昨日までの自分とは違う自分になれるのです。

勉強も仕事もゲーム感覚で楽しめたら、どうなるでしょうか。先延ばしなどせずに、すぐに実行して、どんどんのめり込んでいくことでしょう。

最後に「すぐやる」とは違うテーマになりますが、ゲーム感覚で難易度を上げていく話をしたので、補足をしておきます。

その道で極めたいなら、その道の資格を速攻で取ってしまうのが一番。もちろん実務的能力や経験がものをいう場面もありますが、知識を増やし、専門性を養うのも重要な武器です。経験で実務面、勉強で専門面、どちらも極めれば最強です。

**所属する分野の資格を取得することで、その他大勢から抜け出せることもあります。**私は建設会社の経理部に配属された時点で、建設業経理事務士検定試験4級の勉強を始めました。その後、3級、2級と取得し、難関の1級を取得。全国にいる社員の中で一番早くに取得し、本社の取締役から賞賛されました。最終的には税理士の資格も取得し、経理の達人になったのです。

例えば、民間企業の経理部に配属されたら、日商簿記検定試験3級から始めて2級、1級、ファイナンシャルプランナーと取得し、最終的に公認会計士を目指す。総務なら、社会保険労務士や行政書士、キャリアコンサルタント。外資系なら、英検やＴＯＥＩＣ。建設会社の現場担当なら、施工管理技士や技術士。

ゲームによってはラスボスを倒すと、もっと強い真のラスボスが出るものもあります。こんな感覚を持ち続けて、もっと強い敵がいないか？と思い続けることは、あなたをもっと強くします。

## アメだけではなく、ムチも使う

厚生労働省の発表した「健康づくりのための睡眠指針２０１４」によると、「健康成人を対象にした研究では、人間が十分に覚醒して作業を行うことが可能なのは起床後12〜13時間が限界であり、起床後15時間以上では酒気帯び運転と同じ程度の作業能率まで低下する」と示されています。

簡単にいうと、朝6時に起きたら夕方6時（18時）には集中力は限界に達し、夜9時（21時）以降はお酒を飲みながら働いているのと同じような状態ということです。

人によって差はあっても、起きたときに集中力が最もみなぎり、徐々に落ちていくことに大差はないでしょう。時間とともに集中力が失われていくのであれば、同じ仕事内容であっても午前中と午後とでは、パフォーマンスは違ってきます。

アメリカのハーバード大学、マリアム・コーチャキ氏の様々な実験により、人の心は時間帯によって変化し、朝のうちは理性的で道徳意識が高いという結果を得ました（朝の道徳効果）。時間が経つにつれ、集中力も切れ、自分で自分を律する精神力、つまりセルフ・コントロール力が薄れてきます。精神力を使い果たしていない朝は、前向きに物事に取り組むことができるのです。

では、**パフォーマンスの落ちた午後、どのようにやる気を呼び起こすのか。**すぐに行動するにはどうすればよいか。そのためには、**自分にご褒美を与える**ことです。

私の場合だと、ここまで終わらせたら、横浜家系ラーメンに寄って帰ろうとか、ココイチの「ライス200gソース増し、4辛、チキンカツトッピング」を注文しよう。20時までに執筆を終わらせたら、「岩盤浴・マンガコーナー・サウナ・温泉」の極上コースで楽しもう。こんなふうにご褒美をかけて、ゲーム感覚で気持ちを盛り上げています。そうすると、辛い仕事をしていても顔がニヤけてくるのです。

予定通りにできたら、冷えたビールを買って帰ろう！　夏の暑い日はそれだけで燃えてきます。でも50％しか終わらなければ発泡酒、20％の消化率だとノンアルコールビールと、進み具合で景品（ご褒美）をランク付けします。そして、何もしなければ、恐怖の罰ゲーム！「水道水、しかも常温しか飲めない」ルールにするのです。賞だけでなく罰も与える……。この項のタイトルにある「アメとムチ」の種明かしをすると、「ムチ」とは罰のことだったのです。

何もやらなければ水道水。そう考えるだけで少しだけでもやってノンアルコールビールぐらいは飲みたいと思いますよね。それが、「すぐ動く」良い効果や作業興奮（詳細はP18）を生むのです。

私は、午後になるとこの効果を利用するために、様々な景品を用意しています。からあげクンレッドに、ファミチキ、ななチキ。ハイボールと組み合わせることもあります。ハイボールも頑張りによっては、「濃いめ」に変更するときもあります。トッピングがサービスされたみたいで楽しくなります。

決算など面倒な仕事やセミナーのネタ作りのときは、映画（2時間近い上映時間は贅沢な時間）や回転しない寿司店に行く。そんなことを考えていると、苦しかった仕事も楽しいゲームに変わります。

さらに究極の方法があります。それは、**「自分のためではなく、他人のために頑張る」と発想を切り替える**方法。人はときに、他人のためになら頑張れるからです。

お世話になった先輩が会社を興したとき、1年間手伝いで働いたことがあります。何から何まで一人でやって心が折れそうでしたが、あのとき動き回れたのは、お世話になった先輩のためにと思ったからです。

実際は直接その人のためにならない場合でも、勝手に想像しちゃえばいいのです。子どものため、家族のため、親の喜ぶ姿を見たいため……。

スランプになり勉強が進まないときは、この資格を取ったら誰かが喜んでくれることを想像して頑張ってみる。「よし、司法書士の試験に受かったら、普段忙しくて一緒に遊べていない家族を、ディズニーランドに連れて行こう」。自分にとっても、最高のご褒美になります。

## 「変えれません」仕事術で定時に帰れます

もしあなたの仕事が、書類を1枚作るだけで完了、もしくは企画書を1枚書くだけで終了、または得意先1社を訪問するだけで直帰。このように毎日の業務が、たった1つだけなら優先順位をつける必要はありません。

実際は、主に取り掛かっているメインの業務に加え、電話応対、領収書作成、請求書の確認、仮払い精算、メールの返信、上司・部下との打ち合わせ……。優しい、難しい、楽しい、辛い、好き、嫌い、円滑、面倒、簡単、大変、緊急、重要……様々な仕事を、いろんな感情を持って広範囲にこなしていきます。

その中でもストレスがたまるのは、大変、面倒、難易度の高い仕事です。これらの仕事ばかりを先延ばししてしまうと地獄です。想像してみてください。残った仕事すべてが超ド級の嫌な仕事ばかりだったら……15時以降なら疲れ切って、どの仕事もやる気がなくなりますよね。

実はこの**地獄から、ゲーム感覚で脱出する方法があります。**

テレビ朝日系列の『帰れま10《テン》』。居酒屋さん、ファミレス、焼肉屋さんなどに行き、人気メニュー1位から10位を当てないと帰れないという企画のバラエティ番組です。10位以内だと思うメニューを食べ、順位が発表されます。全部当たらないと終わらないので、当たるまで食べ続けなければなりません。外れれば外れるほど食べる量も増え、満腹になり出演者も大変になっていきます。すべて当てるまで、帰れません！

これをもじって「変えれません」仕事術。1つのジャンルの仕事をすべて終わらせるまでは、他のジャンルの仕事に変えることができないゲーム（仕事術）です。

例えば、メールの返信。無意識に返信していくと、簡単に返せるメールだけを返信して、返信しづらいメールばかりが残ります。そのあとに書類整理など違うジャンルの仕事に移ると、大変なメールが最後まで残ってしまいます。書類箱の書類も簡単な書類から処理し、面倒な書類を後回しにして打ち合わせに入ると、それらの書類が残ります。

そこで、受信箱にあるメールは、**上から順番に強制的に返信していく。**面倒、読みづらい、長文で改行のないビッチリ文字が詰まっているメールでも、順番に返信していく。

どうしても手が止まったら、次のように考えてみてください。「このメールはなぜ、今すぐ返信しないのか？　上司や関係者に伺いを立てないと返事ができないメールなのか。それとも面倒なだけなのか。請求書を作成したり、資料を添付したりするのが面倒だから返信を先延ばしにしているだけじゃないか？」

自問自答して、その通りなら、**「今すぐ動け！　今すぐ返信しろ！」と、自分自身に命じる**のです。

ビジネスメールは、いつかは必ず返信しなければなりません。だったら、今すぐ全部やる。楽なメールだけ返信し、面倒なメールを残して他の仕事に逃げるから、嫌な仕事がたまっていくのです。

メールの返信をすると決めたら、**その仕事を全部クリアしてから他の仕事に移る。メールの返信がすべて終わらないと他の仕事に〝変えれません〟。**

想像してみてください。受信箱にメールがまったくない状態を。晴れやかな気分になりませんか？

メールの返信がすべて終わったら、書類箱の書類も1つ残らず処理していく。「助成金の申請の書類を読むのが面倒だな」、「この企画書を上司に渡したら嫌味を言われそうで憂鬱《ゆううつ》だ」。そんな気持ちで、後回しにしない。書類箱にある書類は上から順番に淡々と処理していく。

嫌という感情のみならず、嬉しい、楽しいという感情も消し、ひたすらに目の前にある書類に没頭する。すべての書類を処理するまでは、他のジャンルの仕事に〝変えれません〟。

メールの返信をすべて終え、書類箱の書類の確認をすべて終えたら、次に「今日やるタスクを書いたノート」に書いた仕事に取り掛かる。普段は優先順位の高い仕事から始めていても、今日は「変えれません」仕事術の日。上から順番に終わらせていく。そうすることで、**もう少し頑張れば次は好きな仕事というように、ゲーム感覚でノートのタスクに取り組むことができる**のです。

私も意識をしないと、各ジャンルで面倒なものだけをやり残してしまいます。お詫びのメール、難解な書類、ノートに書いた面倒な報告書の作成……。各ジャンルの強敵だけが残っているのは本当に辛い（笑）。

そんなときは「変えれません」仕事術。各ジャンルの仕事をすべてやり切るまで、変えれません。1つのジャンルが終わってから、次のジャンルに進んでいきましょう。

立ち止まらずに、大変、面倒、難易度の高い仕事が、どんどん片づく。「変えれません」仕事術を実行すれば、定時には帰れます。

## 「シナリオ作家」仕事術でスムーズに流れるストーリーを作る

「変えれません」仕事術は、各ジャンルの仕事を、感情をこめずに1つずつ終わらせるマシーンのようなコンテンツでした。そうすることで各ジャンルの先延ばししたい仕事を、残すことなく終わらせる効果があります。

今度は逆に、それぞれのジャンルを組み合わせて終わらせる仕事術です。

私の仕事は、「ルーチンワーク」「ノートに書いてあるタスク」「メールの返信」「書類箱に積みあがった書類」「打ち合わせ・来客・会議」「その他」と大きく分けて6ジャンルあります。

例えば、ルーチンワークならスケジュールのチェック、ノートに書いてあるタスクなら企画書の作成、メールなら上から5つまでのメールを返信、書類箱の書類は上から3つまで確認というように、それぞれ順番に行なっていきます。

嫌な仕事だけ残るんじゃないか？　そう思うかもしれません。確かに、何も考えずに好きな仕事からやっていたら、各ジャンルの大変な仕事ばかりが残ってしまいます。

しかし、**シナリオ作家仕事術です。全体がスムーズに流れると同時に、メリハリをつけて飽きさせず、伝えたいこと（終わらせたい仕事）を確実に消化させるためにどうするかを考える**わけです。

「変えれません」仕事術のように、各ジャンルの仕事を機械的に終わらせて先延ばししない仕事術も、スリリングでエキサイトするかもしれませんが、8時間という限られた勤務時間の中で、どの仕事から手をつけたら、上手く終わらせることができるのか？　各ジャンルの優先順位が高い仕事を午前中に終わらせて、集中力が切れる昼食後はメール返信と打ち合わせにこの時間帯はとっておき、3時の休憩後は集中力が戻ってくるから企画書を書き……、それぞれのジャンルからどの仕事を選択してやり終えたら、効率的にできるかを考えながら仕事をすることもまた、**ゲーム感覚で楽しい**のです。

どんなオープニングにしてスタートをうまく切り、長丁場の途中でだらけてしまうシーンでもどうすれば場を持たせられるか、そしてどんな結末を迎えるか……、シナリオ作家のようだと思いませんか？　まるで小説やドラマや映画のストーリーを考えるかのような。

**ゲームにしてもシナリオ作家になりきるにしても、遊びの感覚を取り入れるということでは変わりはありません。**

10年前まで誤解していた話があります。

教授が大きな壺を出し、石を詰めます。石を詰め込んだ壺は満杯に見えますが、まだ隙間に砂利が入る。砂利を詰め込むと満杯に見えますが、隙間には砂を入れることができます。さらに砂にも隙間があり、そこには水なら入れることができる。

私はあるセミナーでこの話を「大きな仕事をまずやり、そのあとに細かい仕事をすることで効率的に時間を使うことができる」と教わりました。しかし、どうやら違う考え方のようです。

もとになったのは『会社がなぜ消滅したか―山一証券役員たちの背信』（読売新聞社会部著／新潮文庫）という書籍なのですが、読んでみると、「大きな石＝自分にとって一番大事なものを最初に壺に入れましょう。そうしないと砂利や水など重要じゃないものが増えてしまって、人生が充実しない」と解釈しました。

**大きな石となる重要なことは何か？　まずはそれを考え、今日の予定に絶対に入れる。**でもそういうものばかりだと頭も体も疲れ切ってしまうから、箸休め的なタスクも必要で、それが砂利や水に該当するような軽めの作業。これらを**上手に順番も考えて組み合わせていく**わけです。

さらにこの話は、**仕事や勉強に限ったことではありません。**あなたの人生にとって特に大切なものは何でしょうか？　夢、家族、恋人、メンター、勉強、趣味……。その大切なものを優先的にしなければ、あとからやろうとしても遅いのだよ。そんなことも壺に石を詰める話は教えてくれるのです。

# 第5章

# 難攻不落のクリエイティブな作業でも「すぐやる」技術

# 新発見より、組み合わせて考える

事務職の仕事には、大きく分けて2種類あります。

1つは、ルーチンワークやファイリング、仮払いの精算など、やることが決まっていて時間さえあれば終わらせられる仕事。そしてもう1つは、企画やアイデアを生み出すクリエイティブな仕事で、時間があっても完成するとは限らない仕事。

前者の仕事なら、残業や休日出勤までやれば終わります。しかし、後者の仕事は残業したからといって終わるものではありません。**アイデアが出ないと動くことすらできず、いつもアイデアがわいてくるとは限りません。**

では、そんなクリエイティブな仕事をサクサク動いて終わらせるには、どうすれば良いか。

**実は、クリエイティブな仕事にも「すぐやる技術」、攻略法がある**のです。

まずは、クリエイティブな案件で、スピーディーにアイデアを発想していくためのコツから説明しましょう。

私は30代後半のころ、クリエイティブ能力を鍛えるために、1日1つずつとノルマを課し、クリエイティブな発想をする訓練をしていました。AI時代を生き残るためには、つまりは機械や人工知能ではなく人間だからこそできることとして、クリエイティブ能力が必要だと確信していたからです。

参考にしたのは、発想法の父、アレックス・オズボーン氏が提唱するアイデアの発想術。そこから7つの考え方を特に参考にしていたのですが、以下の通りです。

1 何かと何かを組み合わせることはできないか？
2 他で使ったものを違う場面で使えないか？
3 変えてみたり調整したりできないか？
4 入れ替えることはできないか？
5 拡大、大きくしてみたらどうだろう？
6 常識と反対のことをしてみたら？
7 縮小、削除、小さくしたり、シンプルにしてみたら？

実例を挙げてみましょう。

**1 何かと何かを組み合わせることはできないか？**

▼鉛筆と消しゴムを組み合わせることで、消しゴム付き鉛筆
▼パンとカレーを組み合わせることで、カレーパン
▼スマートフォンには、カメラ、時計、ストップウォッチ、万歩計、計算機、ライト……様々なものが組み合わさっている

牛乳配達と組み合わせるものを考えると、介護用品、業界紙、食材などの配達、高齢者の安否の見回り（声掛け）の発想も生まれてきます。

**2 他で使ったものを違う場面で使えないか？**

▼バナナ→ジュースにしてバナナジュース、乾燥させてドライバナナ、チョコをかけてチョコバナナ
▼豆腐→作る過程で発生するオカラ

そう考えると、台車を見た人がキックボードを思いついたのかもしれません。また、バナナを素材そのもので売るより、バナナジュースやチョコバナナにすると何倍もの値段で売れますよね。

### 3 変えてみたり調整したりできないか?

▼ブロックは重いモノ→発泡スチロールで作って軽くしてみる
▼サッカー観戦→応援で足踏みをすることで発電できる
▼タマゴ→生、ゆで卵、目玉焼き、スクランブルエッグ

そう考えると、ビーフジャーキーを青くしてゾンビ肉としてお化け屋敷で販売する、鯛焼きのアンコをクリームやチョコにするなど、1つの物からいろいろなアイデア商品が作れますね。

### 4 入れ替えることはできないか?

▼スナックを営業したあとにホストクラブ(スナックを閉めたあとにホストクラブを開ける)
▼家庭の掃除を代行する(家庭の掃除は自分で行なうという概念を変える)
▼結婚式の披露宴に代役で参加する(参列者は親族、友人という概念を変える)

そう考えると、24時間営業の会計事務所、行政書士事務所などコンビニエンスストアの営業形態を取り入れたり、営業担当と経理担当を期限付きで異動させたり、新入社員に1日課長を体験させ相手の立場に立つ経験をさせるなどの発想が生まれますね。

## 5 拡大、大きくしてみたらどうだろう？

▼「ポッキー」や「じゃがりこ」など、小さなお菓子の大型版
▼通常の4倍のメガカップ焼きそば

そう考えると、大人用に等身大のプラモデルや、巨大ジグソーパズルなどの発想が生まれます。これはあくまで推測ですが、観光地のお土産販売店に参入できなかった大手菓子メーカーが大型のお菓子や、ご当地のお菓子を製造することで、お土産業界に参入できたのではないかと考えています。

## 6 常識と反対のことをしてみたら？

▼売り込まない営業
▼クレーム大歓迎の焼肉店
▼初めてのお客様には販売しない（新規顧客をとりに行かない）

そう考えると、あえてゆっくり作業する、接客なしのお店なども作れそうです。

お店の常套句である「ごゆっくりどうぞ」を、ランチ時間の回転率を上げるために「急いでね」という発想はどうでしょう？　もちろんそんなことは言えないまでも20分で食事を済ませていただいたら１００円引きにする、次回の割引券や、単品一食をプレゼントなど、で

きそうです。

**7縮小、削除、小さくしたり、シンプルにしてみたら?**

▼半ライス、半身で販売する魚
▼ラベルなしでコストと環境に配慮したペットボトルの飲料水
▼少しずつ販売して完成させるプラモデル（付録付きムックなどで、よくありますが）

そう考えると、夜食で太る抵抗感を減らす小型カップ麺、ワンコインジムなどの発想になりますね。高齢者の多い街では、少量パックの総菜も売れそうです。

例えば、タクシー業界は「自動運転」になると、他社との差別化をしなければ負けてしまいます。生き残るために、先の7つの考え方によるクリエイティブ思考で、どんなアイデアが生まれてくるでしょうか?　あなたも考えてみてください。

このとき**注意したいのは、許可関係や規制の話で思考をストップさせないこと。**何かアイデアを出すと「それは無理」「できるわけがない」とすぐに言う人がいます。上司から止められるときもあるし、自分自身でストップをかける場合もあります。

そんなときは、ネガティブ思考はいったん排除して、アイデアが浮かび終わってから、あとで調整していくことにしましょう。

**1** 何かと何かを組み合わせることはできないか？

お客様を乗せるだけではなく、出前や宅配を同時にできないか？

タクシー運転手が講師、芸人などの専門家で、乗車中に勉強できたり、娯楽などを楽しめたりする。運転手はＡＩ（自動運転）に任せて、助手席に専門家を乗せてもいい。

話し相手のほしい高齢者のために、コミュニケーション能力の高い運転手が担当する。人生相談、占いを聞けるなども。

**2** 他で使ったものを違う場面で使えないか？

最後の乗車でタクシー会社の車庫に戻るのと同じ方向なら、半額の値段にする。

**3** 変えてみたり調整したりできないか？

スポーツカー、クラシックカーでの送迎。

**4** 入れ替えることはできないか？

休日は、キッチンカーに改造する。

**5** 拡大、大きくしてみたらどうだろう?
10人乗りタクシーにする。

**6** 常識と反対のことをしてみたら?
会員のお客様以外乗せない。話したくない人のための無言タクシー。初乗り1万円の超高級仕様。県内なら3時間乗り放題など。

**7** 縮小、削除、小さくしたり、シンプルにしてみたら?
1人乗りタクシー。2人乗りの軽トラックにして荷物も同時に運ぶ。

**アイデアとは、何もないところから生み出すものでも、まったく斬新なものをゼロから生み出すものとも限りません。むしろ既にあるものを上手く使うことのほうが圧倒的に多いのです。**

この商品は何かと組み合わせられないかな? 大きくできないかな? 小さくできないか

な？　などと考えていると、アイデアも浮かび、最初の一歩を動き出すことができます。

アイデアを出さなければならないときは、この7つの考え方を参考にして考えてみてください。

## 「6W3H活用表」で気がかりを除去

私の事務所では、電話の伝言メモに「①日時　②誰から　③要件　④先方の電話番号　⑤先方の電話番号を登録していたら短縮番号（不在者の調べる手間を省く心遣い）　⑥誰が受けたか」という6項目の欄があるテンプレートを使っています。
テンプレートを使い始めたのは、出張中の私への新入社員からの1本の電話が原因でした。私は出張で札幌にいました。ここだけの話、出張と言っても2時間ほどの打ち合わせ。既に決まっていたカタチだけの契約を済ませ、楽しい気持ちでススキノに向かう途中での電話でした。
新入社員「石川さんに佐藤様から電話がありました」
石川「で……？」

どこの会社なのか、かけ直してくれるのか、こちらからかけ直さなければならないのか、要件は何なのか、まったく分からない。しかも、よりによって佐藤さん、日本で一番多い苗字。終始気になって、久しぶりのススキノを楽しめずに終わりました。埼玉に戻っても結局は分からずじまい。

そんなことがあってから、テンプレートを作り、抜けや漏れを防いだのです。テンプレートさえあれば、安心して伝言できるし、話の途中で「あれも聞かなきゃ、これも聞かなきゃ、他に何か聞かなければならないことはあるかな」と余計なことを頭で考えずに、先方の話に集中することができます。

メールや企画書、提案書の文章作成などのクリエイティブな仕事をする場合。**抜けや漏れがないかを考えながら文章を組み立てると、なかなか書き始めることができません。まずは自由に、言い方は悪いですが適当に好き勝手書いて、最後に不足している内容を確認し補足すれば、書き始めやすくなりますし、結果的に早く書き終わることもできます。必要事項の抜け漏れを防いでくれる万能なツールがあります。それは、「6W3H活用表」**。文章の書き方を習うときなどに登場する「5W1H」は、誰でも一度は聞いたことがあると思います。

「6W3H活用表」は、それをさらに詳しくしたものです。具体的な内容は、以下のようなものです。

▼6W

「Who」（誰が？／誰が主体か？　誰が担当か？　誰に分担するか？　人数は？）

「What」（何を？／何を目標にするか？　何が目的なのか？）

「When」（いつ？／いつまでか（期限）？　いつごろまでか（期日・日程・開始時間・終了時間）？

「Where」（どこで？／どこの場所で？　行き先は？　集合場所・解散場所は？）

「Why」（なぜ？／理由は？　根拠は？　動機は？）

「Whom」（誰に？／対象者は？）

▼3H

「How」（どのように？／方法は？　手段は？）

「How much」（いくら？／金額は？　費用・予算は？）

「How many」（どのくらい？／数量は？　人数は？　定員は？）

頭の中で、抜けや漏れがないか考えながらクリエイティブな作業をするより、最終見直しのときに「6W3H活用表」で機械的にチェックするほうが、楽だし確実で、早く仕事に取り組むこともできます。

**会議や打ち合わせ**でも有効です。例えば、期限が決まっていない、予算を決め忘れている、集まる人数が分からないなど、「6W3H活用表」で抜けや漏れはチェックできます。

先延ばししている議題も、話のキッカケとして「6W3H」から考えていくと前に進みやすくなります。

**重要な相手へメールを送るとき**も、つい慎重になり、作成すること自体ができなくなることも。送信する前に最終チェックとして使うことにして、とりあえず何でもいいので1行でも書き始めるといいでしょう。

読んでいて分かったと思いますが、「6W3H活用表」はクリエイティブな仕事に限ったツールではありません。**プライベートで何かイベントを開催する際も含め、あらゆるシーンで使えます。**

## まずは監督になる。次に評論家になる

商品を口頭で説明するのは得意だけど、企画書の作成は苦手で先延ばしにしてしまう。電話でコミュニケーションを取るのは好きだけど、手紙を書くのは嫌い。このように、**話すのは得意なのに、書くのは苦手な人がたくさんいます。**

お客様は何を求めているのか？　商品説明をどう書けばいいのか？　主語と述語はあっているか？　詰め込みすぎていないか？　敬語は苦手だから失礼な文章になっていないか？様々なことが頭に浮かび動けない。筆が進まないというより、筆を持つことすらできない（もちろん今はキーボードですが）。

ではどうするか。答えは「適当でＯＫ」。それこそ、私は適当に答えているわけではありません！

**まずは、適当でいい、話し言葉でもいい。自分の思いを、頭に浮かんだままのものを、書きまくるのです。**お客様の前で、身振り手振りでジェスチャーをしながらプレゼンするよう

に、そのトークをそのまま企画書に書いてしまえば良いのです。

**実は本書の原稿も、音声入力アプリで作成しています。そのあとで修正して仕上げていますが。**

例えば、今回のテーマである「監督業と評論家に分ける」を執筆する場合。「監督業と評論家を分けるって、どういうことですか?」と、読者に質問されている気持ちで、それを答えるかのように音声アプリに話しかけます。

このとき、「ですます調」は大丈夫か、一文は長くないか、句読点は正しい位置か、コンテンツを盛り込みすぎていないかなど一切気にしません。目の前の質問者に語りかけるように、音声アプリに向かって話しかけます。質問に対して答え切ったら保存します。

自分の専門分野について問いかけられたら、誰でも答えられます。お客様や上司に質問されても、その分野に詳しければ、そんなにつっかえずに答えられるでしょう。

しかし、「文章で教えて」と言われると、途端にスムーズに答えられない人が一気に増えます。そのため、誰でも持っている口頭で答える力を利用して、音声アプリに話しかけるのです。

**ここまでが「監督」として作品を作るイメージ**です。

**次に「評論家」をイメージしながら、保存した文章を読み返して、**「ですます調」に直す、一文の長さのチェック、句読点の位置、一文はワンメッセージになっているか、再現性、独自性、即効性はあるか、実例をもう少し詳しくするべきかなどの修正を加えていきます。前項の「6W3H活用表」を活用しても良いでしょう。

文章をイチから書くといった、ゼロからイチを作り出すのは苦手としている人も多いでしょう。しかし、**作られたモノを改良するのは、そこまで難しくはありません。ましてや自分で作ったものなら、なおさらです。**

音声アプリで文章を作成するのが監督業、それを修正するのが評論家業。映画監督は作品を作り、その作品に対して評論（修正）していくのが評論家。監督として作品を作って、その作品を評論家目線でチェックする。2つの役割を分けるのです。

この方法は音声アプリを使わず、キーボードを打つときも一緒。親しい友人にＬＩＮＥやショートメッセージでも送るような感覚で、話しているように書いていけばいいだけです。

書き始められない人は、監督業と評論家の仕事を同時にやろうとします。最初から良い作品や文章を作ろうとしてしまいます。特に真面目な方ほど。

書きながら、「ですます調」や「再現性があるか」などを気にしていては先に進めません。まず、書き終えてから見直して良い作品に仕上げていく。

実際の映画では、監督が作品を作っている最中に、評論家が口をはさむことはありえません。そんなことをしていたら、完成するまで時間がかかります。

そして、**監督として作品を作り終えたら、修正まで時間を置く。**企画書などは締め切り期限にもよりますが、少し寝かせてみてください。**寝かすことによって、監督と評論家の仕事を明確に分けることができ、より客観的に、かつ全体を広い視野で見ることができます。**

今回は1冊の本を執筆する際を例に挙げましたが、**職場で日常のように書く企画書なども一緒**です。最初からすべて完璧にやろうと思うと作れない。完璧にという気持ちが強いと遅れるどころか、書き始めることすらできません。まずは、ラフスケッチを作り終えるように進めてみてください。

急がば回れ！　分業することで、かえって効率よくクオリティーの高い作品を作ることができるのです。

# あえて束縛されて不自由の身になる

20代のころ、彼女とランチに出かけたときは、「何がいい？」と、相手に気遣いができる良いオトコを演じていました。優しくて包容力がある男と思われたかったのです。

そうすると、彼女は「何でもいいよ！」と答えます。相思相愛、いい感じのカップル……しかし、この会話が、のちに大変なことを引き起こすのです。優柔不断の彼女はなかなか決められず、散々歩き回り、空腹の彼氏は「いい加減に決めろよ」と不機嫌になり、ヒールを履いた彼女は靴ずれを起こして足がパンパンに張って不愉快になる。

「じゃあ、ここのラーメン屋にする？」とやっとの思いで提案すると、彼女は「油っこいのは、ちょっと……」って、「何でもいいと言っておきながら、何でも良くないじゃないか！」と、心の中でツッコミを入れながら店探しは延々と続くのでした。

**人は選択肢が多すぎると、かえって決めることができなくなります。**

品揃えが多いほど、好みの商品を見つけられて購入につながると思っていませんか？　実は、多すぎることが逆効果になるのです。

『選択の科学』（文藝春秋）の著者でコロンビア大学のシーナ・アイエンガー氏が提唱したジャムの法則。この法則の元となった実験は、スーパーマーケットに買い物に来たお客さんにジャムの販売をするというものです。Aのグループには6種類のジャムの試食販売、Bのグループには24種類のジャムの試食販売を用意しました。

結果はどうなったか？　Aのグループでは、40％の人が試食をし、試食後に購入した割合は30％。一方、Bのグループでは試食をした人の割合は60％と多かったのに対して、購入した割合はたった3％。品揃えが6種類しかなかったAグループの成約率は、24種類もあるBの実に10倍にも達したのです。

ランチのお店探しで、「何でもいいよ」なんて言ってしまったら、24種類どころではありません。選べないのは当たり前。だったら、このジャムの法則を活かせば、「イタリアンと寿司と中華だったら何が食べたい？」と選択の幅を狭めることで選びやすくなり、お店を決めることができるようになります。

**「何がいい？」という問いかけは、相手を困らせるだけで、気遣いではなかった**のです。

仕事もまったく同じ。お客様とのやり取りで、「打ち合わせの日程、お時間のあるときにお願い致します」と相手を気遣った発言は、逆効果なのです。人は選択肢が多いと選べない。それなら、「8月の1日から4日までの9時から15時の時間でお願いできないでしょうか」と、選択の幅を狭めてあげたほうが選びやすいのです。

私は、重要な仕事やクリエイティブな仕事は、集中力のある午前中に進めたいので、面談は集中力が切れてくる13時半がちょうどいいタイミングです。そのため、「8月1日から4日の13時半から15時が空いております」と連絡をします。そうすることで**相手も選びやすいし、私自身も都合のよい時間に面談ができ、一石二鳥**なのです。

職場がらみの用事でいえば、例えば上司から送別会の幹事をお願いされた場合、「どこでもいいよ」と指示されるより、「一人1万円の予算で、場所は新宿で探してね」と言われたほうが選びやすいのです。指定されなければ、自分自身の中で「新宿3丁目の焼き鳥のある店で探そう」などと、選択肢を**あえて狭めてください。**湯水のようにある選択肢より選びやすくなり、動き出すことができます。

**クリエイティブな仕事も同じ**です。

「自由に企画書を書いていいから」と言われるよりも、「30代ビジネスパーソン向けに、時間管理について書いてよ」と言われるほうが書きやすいのです。

部下に指示を出すときも、選択肢を作ってあげる。そして自分自身がクリエイティブな仕事をするときも、自分自身の中で選択肢を作るのです。

もし、「好きに考えて」と言われた場合でも、「働き方改革における生産性向上、を経理の面から考える」と、選択肢を自ら絞って発想してみてください。そうすると考えがまとまり、動き出すことができるようになります。

## 誰かにさっさと聞く。場合によっては巻きこむ

私はこれまで28冊の本を出してきましたが、作品を作る上で外すことのできないアイデアの捻出方法があります。それは、一人で悩まず人を巻き込むこと。

ビジネス書を執筆する前に、担当編集者との打ち合わせがあります。これが実に有効なのです。編集者（第三者）と話すことで、

1 頭の中にあるアイデアを外に出すことができる
2 読者が必要としていることが分かってくる
3 自分自身が当たり前だと思っていたことが、第三者は知らないことで、実は役立つ情報だ

と気がつく（特に名編集者は引き出すのが上手い）

**4**話していくうちに自分の頭の中が整理され、目次案が浮かぶ

**5**一人で悶々《もんもん》と悩んでいるときには浮かばなかったアイデアが閃く

例えば、「ノート術」をテーマにした本の企画の場合。「なぜ、フセンじゃなくノートでタスク管理するのか?」「なぜ、デジタルじゃなく手書き（アナログ）なのか?」「ノートに書き出すメリットは何か?」「ToDoリストとの違いは何か?」「他の仕事やプライベートな用事はどう管理しているのか?」。このように編集者からの様々な疑問に答えていくうちに、他のアイデアや気がつかなかったコンテンツも浮かんでくるのです。

**日本ではムダな会議が多いと非難されます。しかし、自由に意見を言い合える会議は必要です。**

他人の意見を聞けば、自分では思ってもいなかった視点で物事をとらえることができます。**新入社員の意見こそ、アイデアの宝庫。**日ごろ彼らと話すことがない人も、**慣習に染まっていない新入社員から**新たな意見や新企画のアイデアが出たり、いつも以上に話が盛り上がったりするかもしれません。私は実際、新入社員や20代から意見を聴くことで、多くのアイデ

アを生み出しています。

**ここで注意するのは、否定から入らないこと。「そんなの無理」と言ってしまうと、それ以上意見が出てきません。名案こそ、無理そうな意見を軌道修正することから生まれることが多い**のです。

「予算がないから無理」と言ったら、そこで思考停止になります。「だったらボランティアスタッフを集めてはどうか？」「クラファンで資金調達してみよう！」。否定しなければ、こんな意見が出るかもしれません。

「大型案件を受注するなんて、ウチだと無理。人数が足りないし」と言ったら、そこで終わってしまいます。「他の会社と共同でやろう！」「その期間だけ、人材登録会社に依頼して臨時職員を紹介してもらおう」「バイトでもできることも多いのでは？」。否定しなければ、新たな方法が生まれてきます。

本来、職場で過ごす時間は、いかに集中する時間を作り出し、その時間を活かして仕事を早く進めるかが勝負です。

一方で、仕事と仕事の間のちょっとしたスキマ時間などで、周りの人と雑談して、仕事を進めるうえでの困り事を共有すると、新しいアイデアや気づきが生まれることがあるのです。

企画書やプレゼン資料の作成など、クリエイティブな仕事を進めているとき、行き詰まってしまったら、あるいは良いアイデアが浮かんでこないなら、一人でずっと悩まず、多くの人と会話をしてみましょう。

クリエイティブな仕事は、閃かないとなかなかアイデアが浮かばず、仕事が進まないことも多いものです。そんなときは、**人を巻き込んで頭の中に眠っているアイデアを引き出してもらいましょう。**

# 第6章

# 「すぐやるクリエイティブ脳」を鍛える習慣

# 人間観察をする。視点を変える

私は、累計28冊のビジネス書を出版しています。3冊目以降、ほとんどの書籍は、出版編集者の皆さまから「こんな企画を考えたのですが、どうでしょう?」と、執筆依頼がきています。

依頼されるテーマは、「時間活用術」「効率的な勉強法」「生産性向上」「PDCAの回し方」「リーダー論」「大学講師になる方法」「仕事のマナー」「ノート術」「ゲーミフィケーション」「テレワーク」「決算」など、多種多様です。

しかし、私が執筆するようなビジネス書1冊を世に出すには、最低5万字の文字数、少なくとも20項目は目次案が必要です。かなりのエネルギーを要します。

しかも、自費出版(著者自身で100%お金を出資して出版する形態)なら、武勇伝でもエッセイでも自社商品の宣伝でも、自分の好きなことを自由に書いてもよいのですが、商業出版は自分の書きたいことだけではなく、出版社が求めている作品、読者の役に立つコンテンツを執筆しなければなりません。でないと、製作費などを負担してくれる出版社のお金で、自己満足に浸っていることにもなりかねませんから。

特にビジネス書の場合は、読者の「困り事」を解決するノウハウを載せたもの。しかもそのノウハウが、読者がマネできる再現性、すぐにできる即効性、他の本ではなかなか見かけない独自性が必要です。

例えば、「タバコは体に悪いのでやめたほうがいい」というのは、正論ではあっても誰もが思っていることであり、ノウハウではありません。禁煙したくてもできなくて悩んでいる人が多いわけですから、これだけ言われても再現性も即効性もありません。独自性も皆無です。

再現性、即効性、独自性のあるノウハウとは
▼朝、起きたら、タバコのかわりに水を一杯、8秒かけてゆっくり飲む
▼ワイシャツの胸ポケットには、いつも3種類の飴を入れておく
▼吸いたくなったら、なぜ吸わなければならないのかを12秒間考える
▼タバコを売っている店の前は歩かない
▼会社で禁煙していることを宣言する
このように、タバコをやめる方法を具体的に伝える必要があります。

話は横道にそれましたが、ではなぜ、いろいろなテーマの本を書けるのか？　おこがましいのは承知の上で申し上げると、**経験の多さと深さがあるから**です。

私は現在9つの立場で仕事をしています。様々な仕事でネタの元になる経験が積まれているのです。ビジネス書には、経験が必要です。経験は書籍に深みを出します。コンサルタントや大学教授が書いた本ももちろん素晴らしいですが、現役のサラリーマンでもある私は、ビジネスパーソンの現在の困り事について、現場で当事者としてリアルに描写できているのです。何年も前にサラリーマンから独立したコンサルタント、実務経験のない大学教授にはない経験を、現在進行形で持ち続けているのです。

ただし、**漠然と業務をこなしていても、話のネタは生まれません。「読者が知りたいことは何だろう」「人が興味を持っていることは果たして何なのか」、「（前述した「7つの考え方」を参考にしながら）この状況は他の何かに応用できないか」など、書籍のネタになりそうなことに、たえずアンテナを張っている**のです。

さらに役立つコンテンツがあればメモをしたり、類書を読んで学んだり、世界の最新情勢を新聞や雑誌を読んで研究したりして、より良いビジネス書を書こうと心がけています。

芸人は面白い体験が多いと言われますが、面白いことに遭遇する回数が突出して多いのではなく、面白いことにアンテナを張っているから、一般の人なら見逃してしまうようなこともキャッチできているのです。

**クリエイティブ能力を鍛えるのも、アンテナを張っておく必要があります。お勧めの訓練は人間観察**です。

街中を歩いている人を眺めながら、「なぜ、この人はこの服を選んだのだろう。○○だからかな?」「どうして鼻ピアスをすることになったんだろう。○○だからかな?」「この男性は、なぜこの女性と付き合っているんだろう。○○だからかな?」など、私はパッと見て瞬時に答えを出すようにしています。「○○だからかな?」で締めくくるのがミソです。これで深い人間観察ができます。○○が正解かなんて分かりませんが、それでいいのです。考えることと自体が訓練になるのですから。

もちろん失礼にならないように凝視はしませんが、名探偵コナンのように観察し、その人が、どのような生い立ちで、どのような職業で、今どのような状況で、どんな気持ちで歩いているのか、などを想像します。

答えは本人に聞かない限り分かりませんが、合っている、合っていないにかかわらず、**想像することによってクリエイティブな能力がついてくる**のです。

## 「視点を変えてみる」ことでも、クリエイティブ能力を鍛えることができます。

古い話で恐縮です。1994年開催のFIFAワールドカップ・アメリカ大会への出場国を決めるアジア地区最終予選。日本はアディショナルタイムにイラクに同点に追いつかれ、まさかの引き分け。それにより韓国に勝ち点で並ばれ得失点差で予選敗退になりました。

そのとき「神はいないのかぁ〜〜？」といった実況中継がされました。しかし、それは日本にとっての神であって、自分目線なのです。この対戦は、カタールの首都・ドーハで行なわれたため「ドーハの悲劇」と呼ばれ、ずっと語り継がれることになりました。

一方、この一点で本選出場になった韓国では、「ドーハの奇跡」と呼ばれました。視点を変えてみると韓国には神がいたんです。

「ウサギとカメ」なら、努力を続けた亀を評価するだけじゃなく、「ウサギに勝った亀は本当に正しい行ないをしたのか？　起こすでしょ、普通！」と批判してみる。

「桃太郎」なら、国同士の戦争を桃太郎目線で描いたものだと割り切る。

「三匹の子豚」だったら、子豚目線で読んでいるけど、現実世界では自分たちはオオカミ側だからとツッコんでみる。

「浦島太郎」の玉手箱。どれだけハメを外して遊んだからって、部下（亀）の大恩人にそこまでする必要ある？

このように題材は、スポーツ、童話はもちろん、書籍、新聞、映画、マンガ、さらには身の回りで起きたことだって、何でもいいのです。

お客様視点、従業員視点、社長視点、配偶者視点、子ども視点……、いろんな視点で物事を考えたら、クリエイティブ能力も磨かれていきます。

ここで挙げた人間観察も視点を変えるのも、**クリエイティブ脳を鍛えることは、いつでもどこでもできます。**毎日が「どこでもトレーニング」だと思って、鍛え続けてください。

普段からクリエイティブ脳を鍛えておけば、様々な場面で役に立ち、クリエイティブな仕事に対して、すぐ動けるようになります。

## 質より量を稼げ

生まれたときから、完璧に話せる赤ちゃんは絶対にいません。試して失敗し、軌道修正して、大量のコミュニケーションをとって、少しずつ言葉を話せるようになります。

人気YouTuberもカリスマ講師も、最初はみんなまったくしゃべれませんでした。言葉を話せるようになってから母親のお腹から出てくるのでは、大きくなりすぎて不可能です。話術が**完璧に上手くなるのを待っていたら、いつまでも先に進めません。**

鳥が空を飛べるようになるのも、アザラシが泳げるようになるのも同じ。飛んだり泳いだりできる十分な筋力や体力がついてからではなく、未熟なうちに失敗を繰り返しながら飛び方なり泳ぎ方なりを習得していくのです。

知り合いに資格試験の勉強をしている人がいます。行政書士の資格を取ったけど、独立するにはもっと法律に詳しくなってからといって、司法書士にチャレンジしました。3年間勉強に専念して、無事に合格。お祝いの席に呼ばれたときに、「開業はいつですか?」と聞いたら、「次は社会保険労務士にチャレンジします!」との返事。彼は30代後半になりましたが、今でも専門学校に通って実家暮らし。無職なので親のお金で生活しています。最終的には司法試験に受かるまで、いや受かっても独立しないかも……。

何かを始めるとき、もちろん準備は必要です。しかし慎重になりすぎて、準備ばかりではいつまでも開始できません。

見切りをつけて動き出す必要があります。豊富な知識を身につけても、実行に移さなければば、ビジネスでは「無価値」なのです。

「いつかできることはすべて、今日もできる」、16世紀のフランスの哲学者ミシェル・ド・モンテーニュの言葉です。

日常業務、ルーチンワークはこなせても、「クリエイティブな仕事」になると、一気に不安になって思考停止になり、動けなくなる人がいます。

**クリエイティブな仕事も先の話と同様、最初から完璧を求めず、試しながら考える。見切り発車で、質の向上より、まずは量をこなす。とにかくたくさんトライして、軌道修正もする。量をこなしていくうちに質も上がっていくのです。**

例えばタイトルを付けるのって、クリエイティブな作業のイメージがあると思いますが、これも質にこだわるより、まずは量をこなすことが実は大事だったりします。

私がある書籍を出版するとき、編集者から100タイトルを考えるように言われました。ビジネス書の売れ行きは、タイトルに大きく左右されます。タイトルが良いと目に留まり、購入される確率は高まります。3年連続日本No.1ベストセラー作家で『人は話し方が9割』（すばる舎）の著者である永松茂久氏も、ある動画で「本はタイトルが9割」と、自書をもじってタイトルの重要性を語っていました。

書籍だけではありません。セミナーや講演もタイトルは、集客に影響します。「このテーマだから、聞きたい！」と思うから参加するのです。「消費税概況」より「インボイス入門」のほうが、魅力的です。さらに「個人事業主、フリーランスがインボイスで会社をつぶさない18の方法」とすると、危機意識が働いてエッジが効き、参加者も増えます。

内容は一緒でもタイトルによって、集客できる人数は変わります。そのため、タイトル案を数多く出し、「これだ！」というタイトルを見つけていくのです。


商品のネーミングも同じです。発売当初は『缶入り煎茶』だった缶入りの緑茶飲料を『お～いお茶』に変えたところ、売上は6倍の約40億円にまで伸びました。

『フレッシュライフ』、聞いたことがない人ばかりの商品だと思いますが、ビジネスパーソンなら恐らくほとんどの方が知っている商品です。改名後は『通勤快足』。ネーミングを変えることで爆発的ヒット作になりました。

保湿ティッシュの『ネピア　モイスチャーティシュ』。売上がまったく伸びず、企画会議を開いて100近くの候補の中から採用した商品名に変えたら大ヒット商品になりました。

なんだと思いますか？　答えは『鼻セレブ』。独創性や創造性、商品の質感を表していることが高く評価され、「日本ネーミング大賞」を受賞しました。

コピーライターで電通のクリエイティブ・ディレクターである橋口幸生氏も、著書『100案思考「書けない」「思いつかない」「通らない」がなくなる』（マガジンハウス）で、「アイデアは、才能や閃きは必要なく、とにかくたくさん考えて、たくさん書くこと」といったことをおっしゃっています。

そして、優れたヒット作を作るクリエイターのたった1つの共通点は、「アイデアをたくさん出している」こと。一般消費者は、最終的にカタチになった広告しか見ていないので、その1案を思いついた天才と思いがちですが、世に出るものは100個考えたもののうち選び抜かれた1個なのです。

私も様々な書籍タイトルを出してきました。まずは質より量。100タイトルを出さなければならないので、「こんなタイトルはおかしい」と言っていられません。次々とタイトルを考えていくと、そのタイトルから関連する名言が生まれたり、組み合わせを変えると絶妙なバランスになったり、エッジが効いたりしてきます。

そして、光り輝くタイトルに巡り会うことができます。たった1つでいいのです。そのたった1つを見つけるために100タイトルを考える。でも考えてみてください。回り道ではないのです。

最初から完璧なタイトルを出そうと思うと、1つもタイトルが出せなくなります。次々と出していき、軌道修正しながら考えていく。**質より量というクリエイティブとは一見真逆のような地味な努力を続けることで、クリエイティブな仕事が完成する**のです。

『やりたいことを全部やる！』シリーズなど80冊以上の書籍を出版している臼井由妃さんも、「100タイトル出して納得できなければ150。150でも納得できなければ200タイトル考える」とおっしゃっています。

クリエイティブな仕事になると動けなくなる人がいます。しかし、質より量！ 結局クリエイティブな仕事なのに、やっていることは、地味な作業の繰り返しなのです。

## 忘年会の幹事は積極的に引き受ける

歓迎会、送別会、新年会、運動会、社員旅行は多くの会社にあるかもしれませんが、さらには安全祈願祭、旗開き、餅つき大会、そしてサマーフェスティバル……。新入社員のころは、あらゆる行事の幹事をやらされました。当時は、経理担当で入社したのに、オールシーズン宴会担当部長。何をしにこの会社に入ったのかと不満に思っていました。

特にサマーフェスティバルは苦痛の最たるもの。幹事は数名います。しかし、土木や建築などの現場担当職員は当日まで幹事の仕事を一切しないため、事前の計画や買い出しは内勤である私一人で担当しました。

200名近い社員とその家族のためにイベントを企画。前日までの準備も忙しいですが、当日は食事にもアルコールにもありつけない。携帯電話もポケベルもない時代、ひたすら走り回って伝令したり、迷子の世話をしたり、次の行先を案内したりと慌ただしく時間が過ぎていきました。行事が終わり、自宅に帰るとベッドに倒れ込むように寝ていました。

後日、幹事をねぎらうために慰労会が開催されます。しかし、その慰労会の幹事も私だったため、誰からも慰労されることもなく、本当に嫌で仕方がありませんでした。

しかし、今振り返ってみると、このときの体験がクリエイティブ能力を大いに鍛えてくれていたと確信できます。社員やその家族、子どもたちが喜ぶ場所を探し、満足いく料理を提供し、出席確認や、他の幹事たちとの仕事の割り振りを考える。誘導する者、写真を撮る者、子どもたちを集める者など、どのように分担して動けば、参加者が満足するか。時間を効率的に使ってムダなく動くためにはどうするか。随分とクリエイティブ能力を鍛えられたなと、今振り返ると痛感するのです。

**クリエイティブな発想が苦手という人は、まずは忘年会の幹事から引き受けてはどうですか？**

**クリエイティブ能力は、イベントの幹事のみならず、普段の雑用でも鍛えることができます。**例えば、コピーをとること1つとっても、

▼カラーにしているけど、太字や細字でメリハリをつければ単色でも問題ない。コピー代が浮く

▼コピー機をよく使う社員がコピー機から遠くにいる。机やコピー機の配置を変えよう

▼コピー用紙やインクカートリッジがコピー機と離れている。近くの場所に移動させよう

▼カートリッジ交換で手が汚れることがあるから、ウェットティッシュも近くに置いておこう

このように、様々な発想が生まれます。

私が就職活動をしていた約30年前は、企画部の人気が高く、「どの会社に入りたい」というよりも、「企画部に入りたい」という就活生が多くいました。

ただし、「企画部に入りたい」と志望動機を言ったら受かる確率は低くなります。なぜな

ら面接担当者は、人事や総務担当者が多く、企画部のような華やかな部署ではないため、学生に企画部に入りたいと言われて、気持ちのいいものではないからです。

私は経理部に配属されましたが、**すべての職種において企画はある**と考えていました。経理なら、取引が発生してから仕訳などの帳簿までの入力を簡素化する。総務なら、いかにして株主総会をスムーズに開いていけるか考える。財務なら、資金繰りの精度を上げるために、固定費と変動費をもっと精密に分ける。営業なら、どうすれば新規開拓できるか分析する。管理職なら、残業しないで生産性を上げる方法を編み出す。人事なら、適材適所や属人化しないように1つの仕事を2人以上ができるような配置を考える。これらは、すべて企画なのです。

**クリエイティブな発想は、実はいろいろなところに転がっています。**その発想で自分を高めることも、会社の業績をあげることもできるのです。

## クリエイティブ脳を鍛える本は「読んで」はいけない

クリエイティブな発想をするためには、インプットは多いにこしたことはありません。

「7つの考え方」（p149）でも触れた通り、発想術は既にあるもののアレンジも多いため、既にあるもののストックを頭の中に増やしておくことが大事になるからです。その情報源として、あらためてビジネス書や健康書などの実用書は重宝します。ただし、こういった**実用書については、「読む」という概念を捨ててしまいましょう。**

私は、小説、エッセイ、マンガなど、幅広く本を読んでいて、それらを読むときは、純粋に楽しんで読んでいます。もちろん、楽しみながらも、心に響く言葉や、ビジネスでも役に立つ言葉があるときは、それらの言葉をチェックしておき、あとからノートに書き留めています。

しかし、基本は心をフラットにして、サスペンスでもホラーでも恋愛モノでも、最初から最後までハラハラ、ドキドキ、気づいたら何時間も読みふけっているときもあり、「気乗りしない仕事もこれぐらい集中できればよいな」と思うこともしばしば。

余談ですが、「○○の本読んだ？」なんて人に聞くとウッカリ結末を言う人がいたりするので聞きません。結末を言わないまでも、「最後は、感動したよね」「ラストは意外だったよね」とか、そういうワードを聞くことすら嫌なのです。

大好きなマンガの最終巻が出たら、もう大変。人気マンガだとSNSで内容を投稿する人もいるので、なるべくSNSは見ないで、すぐに購入して読むようにしています。

一方、実用書は、これとはまったく違った読み方をしています。まず、選び方からして違うのです。次のような手順で選びます。

**1** 書店に行き、**タイトルに興味が湧いたら手に取ります**。※前述した通り、内容がどれだけ良くてもタイトルが響かないと手に取ってもらえません。タイトルは本当に重要です。

**2** 手に取ったら、**目次を開き、自分が知りたいことが書いてあるか確認**します。このとき、興味のある内容でも、どれも知っている内容ならどうでしょう？　例えば、日商簿記1級受験のテキストを探しているのに内容が3級の解説なら買いませんよね。ビジネス書も同じです。当たり前のことしか書いていないと購入しません。逆にほとんど理解できないコンテンツでも、疲れそうなので書棚にまた戻してしまいます。私の経験上ですが、4割が新しい切り口、6割が共感できるコンテンツだと購入意欲が湧いてきます。

**3** **「はじめに」と「おわりに」を読んで本の概要を把握し、読みたいか判断**します。「はじめに」までは読む人が多いと思いますが、「おわりに」まで読む人は少ないのではないでしょうか。これなどは、実用書以外の本では絶対にやらないことです。実用書以外は、ラストがどうなるのか気になりながら読みたいのですが、実用書だと著者が最も伝えたかったことを早く知りたいのでそうしています。

**4** そこまでやって「買おうかな」と思った本は、**巻末のプロフィールを見る。**これが最後の判断材料。**このテーマを書くに値する人物かを見極めるため**です。勉強法の本なのに「無資格で現在、行政書士試験勉強中」、節税や節約の本なのに「税理士、FPなどの資格もなく、収入も少ない」、ダイエットの本なのに「現在体重180kg、絶賛減量中！」だと、そのテーマを書くに値する人物とは思えません。勉強法なら、偏差値30から1日1時間の勉強で司法試験に合格した弁護士。節約なら、夫の年収が300万円でも子ども6人、8人家族で楽しく暮らしていける家計の達人主婦。ダイエットなら、100キロから朝昼晩3食を食べても6か月で30kgやせた人……など、それなら、執筆の資格あり！　買ってみようかな……となりますよね。

このように**実用書の場合、ラストだろうが何だろうが、買う前に気になるところをガンガンつまみ食い方式で読んでいる**のです（詳細は次項にて）。ましてや推理小説だったら、絶対にこんなことはしません。

この選び方は、選ばれる側も注意しなければなりません。例えば集客に困っている講師は、これらをチェックしてみてください。

1 講演（セミナー）タイトルは、聞いてみたいタイトルか
2 目次、講演でいえばカリキュラムは、興味を持ってもらえそうか
3 講演の概要は、聞きたいと思わせるものか
4 プロフィールは、講演内容を話すに値する人と思ってもらえるか

この4つが納得できるものでなければ集客は難しいでしょう。

どの商品やサービスについても、右記4つの注意点を参考にすることができます。

## 「カップラーメン速読法」で、良質なインプットを増やしまくる

前述のテクニックを使って選んだ実用書の読み方。ズバリひと言でいえば、実践できるところを探す。つまり、**「読む」のではなく、役立つコンテンツを「探す」**のです。

カップラーメンを作るときのことを思い出してください。カップのフタや横に「作り方」が書いてありますよね。あれを一字一句、熟読する人はあまりいないと思います。

「お湯を入れてから何分で出来上がるか」「かやくや液体スープ、粉末スープを入れるタイミングはいつか」など知りたい部分だけを見て、あとは読み飛ばします。カップ麺を作るの

に**必要な情報を知るという「目的読み」をします。**

私は、**実用書を読むときも同じように読んでいる**のです。自分にとって必要なコンテンツをその書籍から探す。

読むというより、探す能力を発揮するのです。

文章は、バーッと単語を眺めていきます。イメージとしては、内容を塊で掴んでいく感じです。漢字だけ読み、過去の本で読んだ経験を元に、知っている箇所は読み飛ばし、書いてあることを予測しながら、必要な箇所を探していく。重要だと思う箇所を見つけたら、その箇所だけは熟読する。

読んでみて「これはいい、実践したい」と思ったら線を引く。「意味がない、もう知っている」と思う箇所は、途中でも読むのをやめる。

このようにして、**読み飛ばす、重要な箇所は熟読する、実践するなら線を引く、その繰り返し**です。

ひと通り読み終わったら、**線を引いた箇所から最重要と思う箇所をノートに書き写します。あとは書き写したことを実践していきます。**

**読むのが遅い私ですが、この方法で、年間に約100冊の実用書を読むこと（役立つコンテンツを探すこと）ができています。**

読み飛ばした箇所がもったいないと思うかもしれません。しかし、本でもセミナーでも、全部持ち帰ることが重要なのではありません。本を全ページ読み、セミナーのコンテンツをすべて聞いても、10日もしたら数%しか覚えていないのではないでしょうか。

最近読んだ本を思い出してみてください。どれぐらい覚えていて、どれぐらい実践していますか？

すべてのページを読むことを頑張るより、自分に役立つことだけを抽出して、実践することに価値があります。

この方法なら、読んで、読みっぱなしにはなりません。実用書は「読む」という概念を捨て、「探す」という概念に変えてください。

そうすれば、読書が苦手な人も、今まで最後まで読めなかった人も、新たな出会いが効率的に起きるので、読書の楽しみを知り、書籍を読むことができます。

速読について、ひと言だけ。

速読自体は悪いことだとは思いません。ただ、速読をマスターして、大量に本を読めることに満足してしまうと、何も残りません。

カップラーメンの作り方を読んで、終わりにする人はいませんよね。書かれている作り方を実行して、ラーメンを食べて、自分の血肉にします。実用書も一緒です。読みっぱなしではもったいない。自分の役に立つことを見つけ出して、実践していく仕組みを作り、自分の血肉にしていきましょう。

**大量の本を読んでいるうちに、経験値も高くなり、勘所が分かってきます。**

私はこの4年だけで約20冊の書籍を出版していますが、**インプットしているものが多いので、そこからアウトプットして、掛け合わせることでクリエイティブな発想が生まれる**のです。

## 「やることノート」はクリエイティブな仕事にも使える

ルーチンワークは、何も考えなくても時間さえあれば、淡々と進めるだけで自動的に終わります。営業職でも、「お得意先を1週間に20件訪問する」のがノルマなら、淡々と伺えばいつかは終わります。

しかし、「1週間に1件は、新規の成約を取る」となると、話は変わってきます。それは、ルーチンワークではなく、クリエイティブな仕事だからです。

提案書やプレゼン資料作りも同じです。時間をかければ終わるとは限りません。クリエイティブな仕事の厄介なところは、時間があれば終わるわけではないところなのです。

私は高校生のころ、定期試験の前になると、なぜか部屋の大掃除をしていました。大人になってその話をすると、結構な確率で同じ経験をしている人がいました。

部屋をどれだけきれいに掃除したところで、テストの点数は1点たりとも増えません。今にして思えば、テストという現実から逃避していたのでしょう。

クリエイティブな仕事が苦手な人は、厄介な仕事を前にすると、当時の私と同じような心境になるのではないでしょうか。一刻も速く、提案書やプレゼン資料を作成したほうがよいのに、簡単にできるルーチンワークを先にやって仕事をしている気になってしまう。私が部屋の掃除に逃げてしまったのと同じ心理です。どれだけ簡単な仕事が終わっても、提案書は一文字も進みません。

**重要なのは、目の前のクリエイティブな仕事から逃げないこと**です。イギリスの音楽評論家・音楽学者であるアーネスト・ニューマンによると、ベートーベン、バッハ、モーツァルトも、**毎日のように作曲に取り組んだのであり、インスピレーションが湧くまで待つなんて悠長なことはしなかった**そうです。

やる気が湧こうが湧くまいが、とにかく本業に取り組み続けてそのときを待つ。簡単な仕事や楽な作業をして仕事をした気になり、目の前にある作曲活動（クリエイティブな仕事）から逃げるようなことはしなかったのです。

ただし、それが難しい。では、どうするか？　今日やるタスクをすべて書いた**「やることノート」を使う**のです。「やることノート」の使い方は、とても簡単。

**❶ノートの横罫線に番号を振る**

**❷今日やることをすべて書き出す。昨日でも朝でも仕事中でも思いついたときに書く**

**❸やり終わったらタスクの番号に赤マルをつける**

**❹やれなかったタスクの番号には青マルをつけて、翌日やるページに書き写す**

赤マルをつけることで達成感、高揚感が生まれます。青マルはやれなかった悔しさを生み出します。赤マルと青マルでは大違い。歓喜の赤マル、屈辱の青マルと呼んでいます。

今日やるべきことをすべて終わらせ、ノートを歓喜の赤マルで埋め尽くしたい。それが、

## やることノートの例

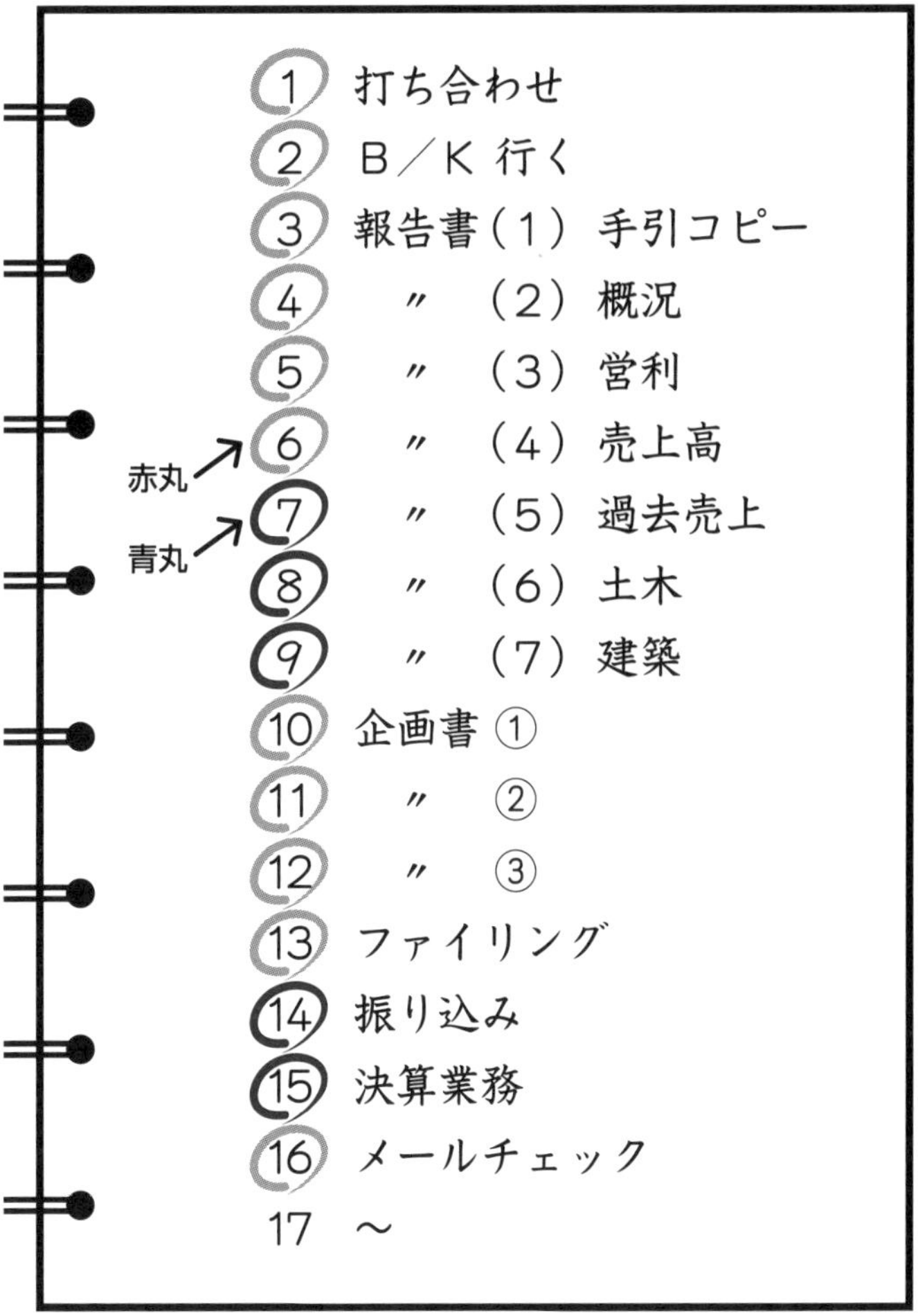
1 打ち合わせ
2 B／K 行く
3 報告書（1） 手引コピー
4 〃 （2） 概況
5 〃 （3） 営利
6 〃 （4） 売上高
7 〃 （5） 過去売上
8 〃 （6） 土木
9 〃 （7） 建築
10 企画書 ①
11 〃 ②
12 〃 ③
13 ファイリング
14 振り込み
15 決算業務
16 メールチェック
17 ～
赤丸
青丸

すぐやる原動力にもなります。しかし、クリエイティブな仕事は、ルーチンワークのように淡々と終わるわけではありません。

では、どうするのか？　やり終えたから赤マルをつけるのではなく、**時間をかけたことにも赤マルをつける**のです。

例えば、企画書の作成。15分の間、企画書の作成のみに取り組んだら赤マルをつける。その時間は、メールのチェックやファイリングなど他の仕事に逃げてはいけません。

成果ではなく、向き合った時間に対して赤マルのご褒美を与える。そうすることで15分間は、クリエイティブな仕事に取り組むようになります。**これを見ることで、やったこと自体に喜びが湧き、いいアイデアが閃くかなど結果は二の次で、取り組むようになっていく**のです。

仕事を始められない一番の原因は、始めないこと。クリエイティブな仕事も同様です。すぐやる原動力となる作業興奮（詳細はＰ18）は、頭で考えているだけでは発動しないのです。他の仕事に逃げないで向き合い、手を動かす。そうすることで発動し、動き出すことができます。

# 分解して分解しまくれ。「因数分解仕事術」

『イヤならやめろ！』『おもしろおかしく』などの著書でも知られる堀場製作所の創業者堀場雅夫氏は、『今すぐやる人が成功する！』（三笠書房）で、嫌な仕事をするコツを次のようにおっしゃっています。

「仕事を『敵』に見立て、それに対して総攻撃をしかけるイメージでとらえるのだ。仕事の1つひとつをつぶしていくという気構えである。2時間なら2時間、1週間なら1週間と仕事の量に応じて、総攻撃の期間を定め、徹底攻撃をしかける。すると、これが結構おもしろくて、ストレス解消にもなるから不思議だ。」

仕事の内容は変わっていません。嫌だと思っていた仕事を敵と見立てて次々と終わらせることで、面白くてストレス解消にまでなるゲームに変わったのです。

**私は嫌な仕事には、前章でもお話ししたように、「ゲーム感覚」を取り入れています。最も活用しているのが「因数分解仕事術」。**

例えば、建設会社では5年に1回、建設業の許可更新があります。5年に1回なので膨大な資料になります。5年ぶりなので忘れていることも多くあります。役員が変更されていたり、許可業種の増加などもあります。面倒で、つい後回しにしたくなります。最初の一歩が踏み出せません。

そんなときには、「建設業許可更新攻略大作戦！」と名付けて、エクセルで表を作ります。**作成に必要な項目をすべてセル（マス目）の中に細かく書き出すのです。**細かければ細かいほど良いです。

200ページ以上ある「手引き」も、集める資料の内容も書き写します。作成するために必要なすべての細目《さいもく》をエクセルの表に書き込み、ゲーム（仕事）をスタートさせます。**終わった箇所を順々に黄色（好きな色）で塗りつぶします。やればやるほど白い枠が黄色に染まります。敵であるホワイト軍の陣地を奪い取っていくイメージ**です。

200ページ以上ある手引きを読むことから始めますが、楽しい読み物でもないので正直面倒です。そのときは、5ページ読んだら1セルを黄色で塗りつぶすのです。もちろん10ページにしても、1章分にしても問題ありません。あまりに気が進まないなら1ページ1セルでも良いです。1ページ読んで1セル埋まるなら、すぐに取り掛かることができますよね。

**最初の一歩が踏み出せなければ、できるだけ細分化してみてください。**住所を書く、代表取締役の名前を記入する、許可更新の業種を調べる……。もうこれ以上、**細分化できないところまで分解すれば、1つひとつのセルは、面倒な仕事から簡単な作業に変わります。**

数学で因数分解するかのように、細かく分解しまくるのです。最初のハードルも下がり、すぐ取り掛かれるようになります。

私は今日やることを1冊のノートにすべて書き出しています。すべてのタスクが書いてあるので、どれだけの仕事量があり、どれだけやれば終わるのか、優先順位の高い仕事から、先延ばししていい仕事、部下や後輩に任せられるもの、そもそもやらなくていい仕事などが一目で分かります。

さらに難易度の高い仕事は、細分化しています。エクセルの表まで作らなくても良い報告書の作成なら、（1）手引きのコピー（2）概況の記入（3）営業利益の記入（4）売上高の算定など、細分化して終わったら赤マルをつけています。

では、企画書や見積書、アイデアなどクリエイティブなことを細分化するには、どうすればいいのか？

例えば、企画書を作成する場合にも、(1) パソコンの電源をオンにする (2) テーマを決める (3) 項目を作る (4) 小見出しを作る (5) 過去の資料を参照する……このように、**具体的な「行動」ごとに細分化することができる**のです。

具体的な項目に分けづらい場合は、前述したように15分で赤マルでも良いですが、気乗りしない、難易度が高いときなどは、(1) 企画書① (2) 企画書② (3) 企画書③と「やることノート」に記入し (記入例はP195)、5分間企画書に向き合ったら (1) に赤マルをつける、もう5分経過したら (2) に赤マルをつけるというように、**時間を短縮しても問題ありません。**たとえ1行しか書けなくても15分経過したら (1) から (3) まで赤マルで埋めることができます。

クリエイティブな仕事で大変なのは、その仕事に集中すること、集中し続けることです。企画書の作成ができないとき、簡単だったり楽だったり好きな仕事に逃げ、企画書の作成を先延ばしにしてしまう。だったら5分間、向き合っただけでも赤マルのご褒美を与える。他の仕事に逃げないで、目の前にある仕事に向き合っているうちに、エンジンがかかり、アイデアも浮かぶようになる。

また、クリエイティブな仕事を文字数で細分化することもできます。100文字ずつ刻んで100文字書けたら赤マルをつける。300文字で3つの赤マルになる。**ちょっとしたこ**

**とでもできたことに自画自賛するのがコツ**です。

その仕事に取り組みたくない、アイデアが浮かばない、文章が書けない……。頭の中で考えていたら、ずっと動けません。まずその仕事に向き合う。手を動かせばやる気はあとからついてきます。向き合うことで動き出すことができるのです。クリエイティブな仕事を時間や文字数で細分化して、動き出しましょう。

## 毎朝、たったこれだけでも随分変われる！

いよいよ、最後の項目になりました。ここで、あなたに、再度お伝えします。私は最初から「すぐやる人」だったわけではありません。むしろ「先延ばしの天才」「ぐずぐずして後回しにしてしまう人」でした。

本などを読んで、感銘を受けた言葉、心に響く言葉、そして実践し習慣化しようと考えているコンテンツは、その都度ノートに書き写しています。そのノートを「自己啓発ノート」と呼んでいます。今では2000作ほど書き留めた名文があります。

毎朝10分、そのノートを読むことを日課にしています。人は忘れる動物です。何度も読み返すことで記憶の定着につながります。書き留めたときは実践できなくても、読んだときが実践するタイミングだったり、改めて読み直して感動したりすることもあります。朝から名言を読むことでポジティブな気持ちになります。落ち込んでいたときに、心が晴れる言葉と出会うこともあります。

ただし毎朝10分では、2000作すべてを読み返すことはできません。そこで、「自己啓発ノート」の中でも、**特に心に響く言葉を抜き出したキング中のキングの名言を1枚の紙に書き出し、その言葉も毎朝、読んでいます。**

その名言の一部、初期のころに抜き出した言葉を紹介します。

▼今やれ、すぐやれ、ここでやれ！
▼何事も後回しにせず、必ずその場その場で決済しろ！
▼1つずつ終わらせれば、いずれ終わる！
▼本を読んだら、すぐ実行！　まず行動！
▼今日やれることは今日やろう！
▼恰好つけて生きろ！
▼背筋を伸ばせ！

▼止まるな！
▼すぐやる課！
▼とにかく実行する!!
▼どうせ、一度の人生なら楽しく！　今日という日は明日になると昨日になる！　二度と来ないんだから、今日という日を楽しもう！

この書籍の出版が決まるまで、気づいていませんでした。意識もしていませんでした。**選び抜いた言葉たちは、「行動」のことばかりだった**のです。**刺さったということは、そのころはできていなかったということ**です。そんな私も毎朝、この名言たちを読み、心に刷り込むことで、「すぐやる技術」を習得していったのです。**「先延ばしの天才」である私でも「すぐやる技術」を手に入れたのだから、あなたに行動できないわけはありません。**

# おわりに

最後までお読みいただき、ありがとうございます。私にとって成功者とは、「自分の一番やりたかったことをやれている人」です。自分の個性と可能性を見つけ、自分史上、最強のパフォーマンスを発揮している。「最高の自分でいられる人」と、言い換えてもいいでしょう。

「ベストセラー作家になる能力があったのに、執筆しなかった」「人の心を揺さぶる講演ができたのに、講演家にならなかった」「弁護士になって多くの人を救う力があったのに、司法試験にチャレンジしなかった」「学者になって世界的発明ができたのに、学ぶことをしなかった」「日本のバンクシーと呼ばれるほど有名になれたのに、アートの世界で勝負しなかった」「政治の世界で世の中を変える政策を打ち出せたのに、立候補しなかった」。

私自身、全員合格の高校、夜間の大学、ブラック企業に入社してから、人生を逆転させるために税理士試験に挑戦して合格、講師として練習に練習をかさね講師オーディションで優勝、大学講師、会社役員、専門学校講師、著者と様々な夢を叶えてきました。

夢を実現してきたことで、唯一共通しているのは「動いたこと」です。「行動だけが現実を変える」という名言がありますが、まさに行動の連続でした。

ブラック企業から抜け出すために、専門学校に通い10年かけて税理士に。自分の伝えたいことを分かりやすく伝えるために、講師塾に通って大学講師に。世の中に自分のノウハウを活用してもらいたくて、出版コンサルタントに相談して著者に。すべては行動した結果なのです。

仮に、最初に入社したブラック企業で耐え忍び、行動しないでいたら、今でも辛い人生を送っていたことでしょう。行動しなければ何1つ叶わず、自分の一番やりたかったことをやれずに、後悔ばかりの人生を送っていたはずです。

もう一度いいます。成功者とは、「自分の一番やりたかったことをやれている人」です。自分の能力を最大限に生かすためには、まず動く。動かない限り、自分の人生を切り開くことはできません。

一度きりの人生、自分の能力を最大限、出し切って、その先にいる「新しい自分」に出会ってみませんか？

この書籍を読んで、最初の一歩を踏み出すヒントになっていたら、幸いです。

出版にあたり御協力いただいた多くの方々に、この場を借りて御礼を申し上げます。

株式会社Ｇａｋｋｅｎの編集担当・杉浦さん。知り合って7年で、初めてのタッグ。この長い期間で書籍の話のみならず、人生全般の話をしてきました。杉浦さんに私の頭の中にあるアイデアや能力を引き出してもらい、良い作品を作り上げることができました。本当にありがとうございます。

グリットコンサルティング代表の野口雄志社長、アレルド代表の細谷知司社長、いつも背中を押していただき、ありがとうございます。

オンラインサロン石川塾の皆様、いつも応援ありがとうございます。

田舎にいるお母さん。

本を出版するたびに喜んでくれ、執筆する原動力にもなっています。執筆が進まず苦しんでいるときは、まさに本文にある「自分のためではなく、他人（母親）のために頑張る」を実践して乗り切ってきました。

真理、天聖、凜。どんな状況の中でも、楽しみを見つけて明るく過ごしている姿を見ているだけで、執筆の疲れも吹き飛び、元気に過ごせているよ。

そして最後にもう一度。
この本を読んでくださったあなた。
この本に出合えて良かったと思っていただけたら、本当に嬉しいです‼

2023年7月　石川和男

# どんなことでも「すぐやる」技術

クリエイティブな仕事も嫌な仕事も即実行できる仕組みの作り方

2023年8月8日　第1刷発行

著　　者　石川和男
発 行 人　土屋 徹
編 集 人　滝口勝弘
編集担当　杉浦博道
発 行 所　株式会社Gakken
〒141-8416　東京都品川区西五反田2-11-8
印 刷 所　中央精版印刷株式会社

●この本に関する各種お問い合わせ先
本の内容については、下記サイトのお問い合わせフォームよりお願いします。
https://www.corp-gakken.co.jp/contact/
在庫については　Tel 03-6431-1201（販売部）
不良品（落丁、乱丁）については　Tel 0570-000577
学研業務センター　〒354-0045　埼玉県入間郡三芳町上富279-1
上記以外のお問い合わせは　Tel 0570-056-710（学研グループ総合案内）